Wilhelm Emmanuel Ketteler

Der Bruch des Religionsfriedens

und der einzige Weg zu seiner Wiederherstellung

Wilhelm Emmanuel Ketteler

Der Bruch des Religionsfriedens
und der einzige Weg zu seiner Wiederherstellung

ISBN/EAN: 9783744622721

Hergestellt in Europa, USA, Kanada, Australien, Japan

Cover: Foto ©ninafisch / pixelio.de

Weitere Bücher finden Sie auf **www.hansebooks.com**

Der

Bruch des Religionsfriedens

und der einzige

Weg zu seiner Wiederherstellung.

....

Von

Wilhelm Emmanuel,

Freiherrn von Ketteler,

Bischof von Mainz.

Zweite Auflage.

Mainz,
Verlag von Franz Kirchheim.
1875.

„Die Gegenwart gebietet peremtorisch: daß wir mit einander uns ver=
tragen. Das kann aber schlechterdings auf dem alten Wege, auf dem Ihr
seither die Dinge getrieben, nicht mit Erfolg geschehen; Ihr müßt also diesen
Wegen eine andere Richtung geben, soll das ergangene Gebot vollzogen
werden."

J. v. Görres: „Kirche und Staat nach Ablauf
der Cölner Irrung." S. 218.

Mainz, Druck von Joh. Falt III.

Im Zeitalter der Glaubensspaltung haben sich die Prote=
stanten, im Widerspruch mit dem damals geltenden Reichsrechte,
der Giltigkeit der Majoritätsbeschlüsse auf den Reichstagen in
allen Religionssachen beharrlich widersetzt.

Nach einem langen und blutigen Kampfe wurde endlich
zwischen den beiden Religionstheilen, den Katholiken und Pro=
testanten, Friede geschlossen. Die Grundlage desselben war, daß
bis zu jenem Zeitpunkte, „wo man sich wieder durch Gottes
Gnade in der Religion vereinigt haben werde [1])", die Giltig=
keit der Mehrheitsbeschlüsse auf den Reichstagen
in allen Religionssachen ausgeschlossen sein sollte.
Von da an durften Religionssachen auf denselben nur mehr von
den Angehörigen der betreffenden Confession selbst verhandelt,
oder in Collisionsfällen nur durch gegenseitige Verständigung
und Compromiß beider Theile erledigt werden.

Dieser Friedensvertrag ist seitdem öffentliches Recht in Deutsch=
land und muß es nach obigen Worten bleiben, bis die Einheit in
der Religion wieder hergestellt ist. Trotzdem wird derselbe in der
Gegenwart hauptsächlich von den Nachkommen derselben Protestan=
ten gebrochen, welche ihn zur Reformationszeit erzwungen haben.
Nachdem sie das Recht der Majorität in Religionssachen auf den
Reichstagen, als es ihnen nachtheilig war, zertrümmert haben, wollen
sie es, abermals in vollem Widerspruche mit dem bestehenden Rechte,
jetzt, wo die Majorität, nach Abtrennung vieler katholischen Länder,
in ihren Händen liegt, zum Nachtheil der Katholiken wieder einführen.

---

1) „Donec per Dei gratiam de religione ipsa convenerit" Art. 5.
§. 1. Westphäl. Friedensschluß.

Damals, als diese die Majorität bildeten, sagte man ihnen, ihr habet nicht das Recht, „in Sachen, die Gottes Ehre und der Seelen Wohlfahrt betreffen", im Reiche durch Mehrheit der Stimmen gegen uns zu entscheiden[1]; jetzt, wo sie die Minderzahl bilden, nimmt man dasselbe Recht gegen sie in Anspruch und nennt ihren Widerspruch Reichsfeindlichkeit.

Darin liegt der eigentliche Grund der gegenwär= tigen religiösen Kämpfe in Deutschland. Der Ver= trag, den im Westphälischen Frieden Katholiken und Protestanten geschlossen haben, ist gebrochen. Daher dieser Kampf, der, wie jeder religiöse Kampf, mit jedem Tage zum Verderben des Vaterlandes desto tiefer geht, je länger er dauert.

Auch jetzt gibt es keine andere Grundlage für den Frieden, als die Rückkehr zu jenem Princip des Westphälischen Friedens und treues Festhalten an demselben. Außer diesem Friedens= fundamente wäre, so lange die Religionstrennung fortbesteht, nur noch der andere Weg möglich, nämlich die gewaltsame Vertilgung des einen Theiles, also jetzt die gewaltsame Vertilgung des Katholicismus. Wir muthen aber kaum unsern verblendetsten Gegnern die verbrecherische Gesinnung eines solchen Bestrebens zu. Dann bleibt aber nur offene und ehrliche Rückkehr zu dem Grundsatze übrig, **daß in Deutschland Stimmenmehr= heit des einen Theiles über die Religionsange= legenheiten des anderen nicht zu entscheiden hat.**

Die Richtigkeit dieser Gedanken soll diese Schrift an der Hand der Geschichte näher entwickeln.

I. Auf dem Reichstage zu Speier 1529 wurde zum ersten Male die Giltigkeit der Mehrheitsbeschlüsse in Religionssachen von den Anhängern der Reformation bestritten. Der Vorgang ist bekannt, verdient aber jetzt, wo die Bedeutung desselben zum

1) Erklärung der protestirenden Reichsstände auf dem Reichstage in Speier 1529. Vergl. „Neuere Geschichte der Deutschen" von Karl Adolf Menzel. B. 1. S. 317.

Nachtheil der Katholiken so gänzlich in Vergessenheit gerathen
ist, in Erinnerung gebracht zu werden.

Der Reichsabschied vom 27. August 1526, welcher dahin
lautete, daß, um Frieden und Einigkeit in deutscher Nation
zwischen allen Ständen herzustellen, ein Generalconcil oder we=
nigstens eine Nationalconcil in einem oder anderthalbem
Jahre abgehalten werden solle, „daß aber die Stände in Sachen,
die das Wormser Edict angehen möchten, mit ihren Unterthanen
für sich also zu leben, zu regieren und zu halten hätten, wie
ein Jeder solches vor Gott und vor der kaiserlichen Majestät zu
verantworten hoffe und vertraue" [1]), hatte namentlich der letzteren
Bestimmung wegen, welche jeder Reichsstand nach Belieben aus=
legte, die Verwirrung nur vermehrt. Die Reichstags=Propositionen,
welche dem Reichstage zu Speier im Jahre 1529 vorgelegt
wurden, sollten diesem Zustande ein Ende machen. Diese Pro=
positionen wurden einem Ausschuß zur Gutachtung vorgelegt,
welcher sein Urtheil durch Stimmenmehrheit dahin abgab, daß
der Kaiser nochmals ersucht werden solle, innerhalb Jahresfrist
entweder die Abhaltung eines allgemeinen Concils oder einer
Nationalsynode zu veranlassen, und dabei selbst gegenwärtig zu
sein. „Bis dahin sollten diejenigen Stände, die bisher das Wormser
Edict befolgt hätten, auch ferner dabei verharren und ihre Unter=
thanen dazu anhalten. Die andern Stände aber, in deren
Landen die neue Lehre eingeführt worden und ohne Aufruhr,
Beschwerde und Gefahr nicht abgeschafft werden möchte, sollten
bis zum künftigen Concil alle weiteren Neuerungen, soviel nur
immer möglich, verhüten. Besonders aber sollte die Lehre, die
dem Sakramente des Altars entgegen wäre, nicht angenommen,
nicht öffentlich gepredigt, die Messe nicht abgeschafft und an
solchen Orten, wo die neue Lehre Ueberhand genommen, Nie=
manden Messe zu halten oder zu hören verboten werden. Gegen
die Wiedertäufer sollte ein neues kaiserliches Mandat publicirt
und demjenigen nachgelebt werden, was auf den zwei letzten

---

1) Menzel, a. a. O. S. 296.

Reichstagen zu Nürnberg wegen der Prediger, Buchdrucker, Buch=
führer und Schmähschriften verordnet worden."

Obgleich aber nach diesen, durch Stimmenmehrheit beschlos=
senen Gutachten das neue Religions= und Kirchenwesen bis zu
der vom Concil zu gebenden Entscheidung ungestört verbleiben
und nur bis dahin „alle weitere Neuerungen, so viel nur immer
möglich," verhindert werden sollten, erhoben dennoch die der
Neuerung zugethanen Stände gegen dasselbe Einspruch und ga=
ben eine Beschwerdeschrift zu den Acten, worin sie gegen die
Zulässigkeit der Stimmenmehrheit in Religionssachen sich ver=
wahrten. Dieselbe lautet: „In einer Sache, die Gottes Ehre
und ihrer Seelen Wohlfahrt betreffe, könne die Mehrheit der
Stimmen nicht stattfinden, und daher auch von dem in Vorschlag
gebrachten und von den Reichsständen genehmigten Concil ihre
Lehre nicht verdammt, noch ihnen davon abzustehen geboten wer=
den. Sie bäten daher die kaiserlichen Commissarien und die
Reichsversammlung, es bei dem letzten speierischen Reichsabschiede
von 1526 bewenden zu lassen, oder denselben, wenn er gemiß=
braucht worden, durch eine Erläuterung zu erklären."

Diese Erklärung ist für die staatsrechtliche Stellung der
streitenden Confessionen im deutschen Reiche von der größten
Bedeutung geworden und hat nach vielen und schweren Kämpfen,
wie wir bald sehen werden, endlich den Sieg davon getragen.

Damals aber wurde sie noch, als dem geltenden Reichsrechte
widersprechend, zurückgewiesen. Als dann aber die Reichsstände das
Gutachten ihres Ausschusses gleichfalls durch Stimmenmehrheit,
trotz jenes Einspruches der Minderzahl, annahmen, und hierauf
zur Berathung der übrigen Reichstagspropositionen übergingen,
legten die der Neuerung zugethanen Stände am 19. April 1529
dagegen die berühmte Protestation ein, von der sie in der Folge
den Unterscheidungsnamen Protestanten erhalten haben. Als sie
aber auch dadurch die unveränderte Aufnahme jenes Mehrheits=
beschlusses in den Reichsabschied nicht verhindern konnten, ließen
sie am 25. April ein förmliches Appellationsinstrument aufsetzen,

woburch sie „von allen bisherigen und künftigen Beschwerden an den Kaiser und an das künftige freie Concil, dazu auch an einen jeden verständigen und unparteiischen christlichen Richter appellirten."

Die Fürsten, in deren Namen das Appellationsinstrument ausgefertigt wurde, nämlich der Kurfürst von Sachsen, der Landgraf von Hessen, der Markgraf Georg von der fränkisch=brandenburgischen Linie, der Herzog Ernst von Lüneburg, der Fürst Wolfgang von Anhalt, nebst vierzehn Reichsstädten faßten zugleich schon in Speier den Entschluß, dem Kaiser, dessen Rück=kunft aus dem fernen Spanien verkündigt ward, eine besondere Gesandtschaft entgegen zu schicken, um den üblen Eindruck, den sie von ihrer Protestation gegen den Mehrheitsbeschluß des Reichs=tages besorgten, durch eine angemessene Darstellung zu mildern. Die Gesandtschaft traf das kaiserliche Hoflager zu Piacenza und erhielt mit vieler Mühe am 22. September persönliches Gehör, bei dem sie die Gründe der Protestation ziemlich ausführlich aus=einander setzte. Der Kaiser gab ihnen keine mündliche Ant=wort; in dem schriftlichen Bescheide aber, den sie später erhielten, sagte er: „der Kaiser habe die Protestation, die einige Stände gegen den Reichsabschied erhoben, mit Mißfallen vernommen. Seine Majestät zweifele nicht, daß die anderen Stände ihrem Gewissen und dem Heile ihrer Seelen eben so ungern als der Kurfürst von Sachsen entgegenhandeln wollten; daß sie auch, um der Ehre Gottes und eines einigen christlichen Verstandes willen, sowohl als jene um ein Concil bitten, welches Concil je=doch vielleicht nicht von Nöthen scheinen möchte, so fern allweg dem, was einmal durch alle Stände einhellig beschlossen wäre, nachgelebt worden wäre. Da es nun von Alters Herkom=men sei, was in gemeiner Reichsversammlung von den Mehrern beschlossen werde, daß dem der wenigere Theil nicht widerstreben, sondern gehorsamlich geleben solle, so befehle er ihnen, von der Protestation abzustehen, und den durch die Mehrheit gefaßten Beschluß anzunehmen und genau zu befolgen, mit der Warnung, wo sie darüber ferner ungehorsam erscheinen würden, möchte er nicht umgehen, zur Erhaltung schuldigen Gehorsams im heiligen Reiche gegen sie ernstliche Strafe vorzunehmen [1]."

Da sehen wir den Beginn des Kampfes zwischen dem alten Reichsrechte, welches der Kaiser vertrat, und einer damals noch kleinen Minderzahl unter den Reichsständen, welche sich bezüglich ihrer Religionssachen den Entscheidungen der Mehrheit der Reichsstände nicht unterwerfen wollte. So innig hängt der Protestantismus mit dem Grundsatze zusammen, daß Stimmen=mehrheit in Sachen, „die Gottes Ehre und ihrer Seelen Wohl=fahrt betreffe," nicht entscheiden dürfe. Ihm verdankt er seinen Namen und seinen Ursprung. Freilich waren dieselben pro=testirenden Stände weit entfernt, die Geltung dieses Grundsatzes auch für ihre eigenen Unterthanen anzuerkennen. Während sie der Reichsgewalt das Recht bestritten, in Religions=Angelegen=heiten gegen ihren Willen durch Mehrheit Beschlüsse zu fassen, forderten dieselben Fürsten von ihren Unterthanen in allen Sachen, „die Gottes Ehre und ihrer Seele Wohlfahrt betrafen," den un=bedingten Gehorsam. Was Recht für die protestirenden Reichs=stände war, sollte für ihre Unterthanen nicht Recht sein. Auf diese unerhörte Inconsequenz, wo die Reichsstände unter Be=rufung auf ihr Gewissen alles das der Reichsgewalt ver=weigerten, was sie gegen die eigenen Unterthanen für sich for=derten, als ob es zwei Gewissen gäbe, ein Reichsständisches und ein Reichsbürgerliches, wird man sich aber jetzt wohl nicht mehr berufen, um sie gegen die Katholiken auszubeuten.

II. Zwanzig Jahre später hatte sich die Lage im Reiche schon so verändert, daß dieses von den Protestanten vertretene Princip seine erste, wenn auch noch beschränkte Anerkennung seitens der übrigen Reichsstände und des Kaisers auf dem Fürstentage in Passau errang.

Damals hatte sich Kurfürst Moritz durch einen in der Geschichte fast beispiellosen Verrath gegen den Kaiser empört und

---

1) A. a. O. S. 317—325.

mit dem französischen Könige verbunden, während dieser zugleich die Türken zum Einfall in Ungarn veranlaßte. Während so auf der einen Seite der französische König Lothringen und die lothringischen Bisthümer Metz, Toul und Verdun besetzte und in das Elsaß vordrang, die Türken aber die österreichischen Erblande bedrohten, rückte Kurfürst Moritz bis Innsbruck vor, wo sich damals der Kaiser aufhielt, so daß dieser über Kärnthen seine Flucht nach Oesterreich nehmen mußte.

Unter diesen trostlosen Verhältnissen trat der Fürstentag in Passau im Jahre 1552 zusammen, um das Friedenswerk zu versuchen.

Der römische König Ferdinand und Moritz waren die Hauptpersonen auf demselben. Auch der französische Gesandte du Fresse war erschienen. Er hielt eine lange Rede, in welcher er von den Galliern und alten Deutschen anfangend in rührenden Farben von der natürlichen Verbrüderung beider Nationen sprach, die nur durch den deutschen Kaiser, welcher zugleich alle Freiheiten der Reichsstände vernichte, gestört werde. Das Ziel dieser gleißnerischen Rede war, die protestirenden Reichsstände gegen den Kaiser immer mehr zu verhetzen, dadurch die Verständigung unter den Reichsständen in Passau zu verhindern und so dem französischen Könige es möglich zu machen, inzwischen den Raub von Elsaß und Lothringen zu vollenden. Deßhalb hob er auch ausdrücklich hervor, daß in dem Vertrage zwischen dem Kurfürsten Moritz und dem Könige von Frankreich festgesetzt worden sei, „daß man ohne Einwilligung des Königs keinen Frieden mit dem gemeinsamen Feinde eingehen wolle [1]."

Als der Kaiser, welcher noch in Villach weilte, von dieser Rede des Franzosen auf dem Fürstentage in Passau hörte, sagte er: „Es wäre besser gewesen, dergleichen weder anzuhören noch anzunehmen. Welche Gesinnungen der König von Frankreich gegen Deutschland hege, gehe schon daraus hervor, daß, in Folge

---

1) Vergl. über die Passauer Verhandlungen Menzel a. a. O. B. 3. S. 485. ff.

des von ihm den Reichsständen verheißenen Schutzes, mehrere derselben zu Grunde gerichtet, andere in die größte Gefahr gerathen, und einige Reichslande unter sein tyrannisches Joch gebracht wären. Wenn der König sich beklagt habe, daß ihm fälschlich und mit Unrecht ein mit den Türken geschlossenes Bündniß vorgeworfen werde, so könne der Kaiser die Tagebücher des französischen Gesandten Aramont, welche dieser in Konstantinopel geführt und durch den Hauptmann Coste an seinen König geschickt habe, desgleichen Briefe des türkischen Statthalters in Ungarn an die verbündeten Fürsten vorzeigen lassen, da solche aufgefangen worden, und daraus aller Welt beweisen, daß der König von Frankreich allein der Urheber des von den Türken im vorigen Jahre angerichteten Schadens sei, und daß er ein Gleiches auch für das abgelaufene Jahr beabsichtigt und sehr bedauert habe, daß der Schaden nicht größer gewesen. Es sei der Plan des Königs von Frankreich und des türkischen Kaisers, ihn und seinen Bruder Ferdinand zu Grunde zu richten, um hernach das römische Reich und besonders Deutschland in Knechtschaft und Elend zu bringen. Das sei die Glückseligkeit, welche die Deutschen von jener Seite zu gewärtigen hätten."

Trotz dieser französischen Umtriebe kam endlich im Juli 1552 der berühmte Vertrag zu Stande, welcher nach der Stadt Passau genannt wird, und am 2. August vom römischen Könige unterzeichnet wurde. Wie Moritz früher den Kaiser, den er seinen Vater nannte, hintergangen hatte, so hinterging er jetzt den französischen König und kümmerte sich, da sein Interesse es zu fordern schien, wenig um sein reichsfeindliches Bündniß mit ihm, gemäß welchem sie nur nach gegenseitiger Verständigung mit dem Kaiser Frieden schließen wollten.

Die Bestimmungen dieses Vertrages, soweit sie den Religionsfrieden betreffen, sind hauptsächlich folgende:

a) Innerhalb eines halben Jahres soll ein gemeiner Reichstag gehalten werden, „darauff nachmals, auff was Wege, als nämlich eines General= oder National=Concilii, Colloquii, oder gemeiner Reichsversammlung, dem Zwiespalt der Religion abzu=

helfen, und dieſelb zu chriſtlicher Vergleichung zu bringen, ge=
handelt, und alſo ſolche Einigkeit der Religion durch alle Ständ
des heiligen Reichs, ſampt Ihrer Majeſtät ordentlichem Zuthun
ſoll befürdert werden."

b) „Es ſoll auch zu Vorbereitung ſolcher Vergleichung, bald
anfangs ſolchs Reichstags, ein Ausſchuß von etlichen ſchiedlichen
verſtändigen Perſonen, und Beiderſeits Religionen, in gleicher
Anzahl, geordnet werden mit Befelch zu berathſchlagen, welcher
Maßen ſolche Vergleichung am Füglichſten möcht fürgenommen
werden."

c) Im §. 8. wird ſodann beſtimmt, daß weder der Kaiſer,
noch Churfürſten und Reichsſtände in der Zwiſchenzeit die An=
hänger der Augsburgiſchen Confeſſion „der Religion halben mit
der That gewaltiger Weis, oder in andere Weg wider ſein
Conſcienz und Willen dringen, beſchweren oder verachten ꝛc.,
ſondern bei ſolcher ſeiner Religion und Glauben ruhiglich und
friedlich bleiben laſſen" ſollen.

d) Daſſelbe wird dann im §. 9. den Ständen der Augs=
burgiſchen Confeſſionsverwandten, jenen Reichsſtänden gegenüber,
„ſo der alten Religion anhängig" anbefohlen.

e) Bezüglich des Reichskammergerichtes wird angeordnet,
daß Fürſorge zu treffen ſei, damit in Sachen der Religion kein
Theil ſich des Ueberſtimmens vor dem andern zu
befahren, auch Parteilichkeiten verhütet würden[1].

Auch bei dieſem Frieden ging man von der Hoffnung aus,
daß es endlich gelingen werde, entweder auf einem General= oder
Nationalconcil, oder durch Religionsgeſpräche, oder endlich auf
der Reichsverſammlung „dem Zwieſpalt der Religion abzu=
helfen" und ſomit „Einigkeit der Religion durch alle Stände des
heiligen Reiches" wieder herzuſtellen. Der Paſſauer Vertrag
ſollte nur ein Interims=Vertrag ſein, bis zu dieſer erſehnten
Einigung in der Religion.

---

1) Vergl. Martini Meyeri „Londorpius suppletus et continuatus,"
Francofurti 1666. S. 14 ff.

So sehr man aber dieses Ziel festhielt, so war doch die Furcht verbreitet, daß auch die nächsten Versuche scheitern könnten. Deßhalb wurde noch ein Nebenvertrag abgeschlossen dahin lautend: „da aber die Vergleichung auch durch derselben Weg keinen würde erfolgen, daß alsdann nichts destoweniger obgemeldeter Friedstand bei seinen Kräften, bis zu endlicher Vergleichung, bestehen und bleiben solle." Der Kaiser lehnte zwar die Genehmigung dieses Nebenvertrages ab, da die Bestätigung desselben und besonders des Punktes wegen beständiger Fortdauer des Friedens vor die gesammten Reichsstände gehöre. Der römische König und die vermittelnden Fürsten hatten sich jedoch auch für diesen Punkt hinreichend verbürgt.

In diesem Vertrage war also die Giltigkeit der Mehrheits= beschlüsse der Reichsstände in Religionssachen bereits factisch suspendirt, wenn ihre Ungiltigkeit auch noch nicht ausdrücklich ausgesprochen war. Für den Ausschuß, welcher die Art und Weise der Wiederherstellung des Religionsfriedens auf dem näch= sten Reichstage berathen sollte, war eine gleiche Zahl von Mit= gliedern beider Religionstheile in Aussicht genommen. Das Reichskammergericht sollte so eingerichtet werden, daß „in der Religion Sachen kein Theil sich des Ueberstimmens vor dem andern zu befahren habe." Endlich wurde der Religionsstand beider Theile gegen jede Beeinträchtigung, also auch gegen Mehr= heitsbeschlüsse des Reichstages, in Schutz genommen. So drang durch die factisch im Reiche gegebenen Verhältnisse der Grund= satz immer mehr durch, daß das Recht der Stimmenmehrheit in Religionssachen, für die Dauer der religiösen Spaltung inner= halb der deutschen Nation, unmöglich aufrecht erhalten werden könne.

III. Der von dem Fürstentage in Passau in Antrag gebrachte Reichstag trat erst im Jahre 1555 in Augsburg zusammen. Als König Ferdinand am 29. December 1554 daselbst endlich an= kam, fand er jedoch keine Reichsstände und mußte erst Schreiben und Botschaften aussenden, um dieselben herbeizuholen. Der

Kurfürst August von Sachsen ließ durch seine Gesandten sein
Ausbleiben entschuldigen, aber auch zugleich dem Könige vorstel=
len, daß der einzige Weg zur Beruhigung Deutschlands Abschluß
eines festen und dauernden Religionsfriedens sei. Nachdem die
Unthunlichkeit erkannt worden, durch Religionsgespräche und Con=
cilien zu diesem Ziele zu gelangen, so bitte der Kurfürst, daß
Se. Majestät auf den Abschluß eines völligen Friedens bedacht sei.
In der Eröffnungsrede des Reichstages am 5. Februar
1555 sprach der römische König folgende beherzigenswerthe Worte,
welche wir theilweise vor unseren Augen in Erfüllung gehen
sehen; und deren Schluß wir auch Jene bitten sich „zu Gemüthe
zu führen," welche in unseren Tagen mit bodenlosem Leichtsinn
daran arbeiten, unser deutsches Vaterland von Neuem in die
elenden Wirrsale religiöser Kämpfe zu stürzen. „Was für Angst,
Noth und Jammer aus der langwierigen Spaltung der Religion
erfolgt, und daß aller Unrath, Uebel und Verderben an Leib und
Seele bei unzählbaren Menschen daher entstanden sei, liege der=
gestalt am Tage, daß es keiner weitläuftigen Ausführung be=
dürfe. Es sei beschwerlich und kläglich, daß die, so Einer Taufe,
Eines Namens und Glaubens, ja Einer Zunge und Nation,
Eines Reiches und Gehorsams sind, sich in der Einigkeit dessel=
ben Glaubens, den sie von ihren Eltern, von so viel hundert
Jahren her ererbt, so gar jämmerlich von einander absondern
und scheiden sollen. Noch weit beschwerlicher aber sei es, daß
es bei einer oder zweierlei Theilung nicht bleibe, sondern man=
cherlei Secten und Spaltungen an manchen Orten sich regen,
die ein jeder nach seinem Kopfe bestreiten oder verfechten wolle,
wodurch Gott und sein heiliges Wort zum Höchsten verunehrt,
das Band christlicher Liebe zerrissen, und das gemeine arme
unverständige Volk dermaßen in dem Gewissen ängstlich und
irrig gemacht werde, daß gar bald unter demselben Niemand
mehr wissen werde, was er glauben und halten solle. Das
Allerärgste aber werde noch folgen, daß nämlich viele in diesem
Irrsale aufwachsen und vielleicht unter hohen und niedern Per=
sonen schon vorhanden seien, welche gar nichts glauben, sondern

also in einem rohen und gottlosen Leben ihre Zeit verzehren, daß sie weder auf Ehre noch Gewissen Acht haben. Es sei zu erbarmen, wenn diese löbliche Nation, die seit undenklichen Zeiten den Preis christlicher Zucht und Gottesfurcht vor vielen andern, und daraus alles Glück und Heil gehabt, jetzo in eine solche viehische Art gerathen sollte, daß es vor Zeiten bei den Heiden anders gewesen und noch heutigen Tages bei den Türken und Heiden besser sei." Nachdem dann der König hervorgehoben hat, daß alle Bemühungen zum Frieden bisher gescheitert seien, theils weil diese wichtige Sache wenigen von Herzen angelegen sei, theils vielleicht auch weil jeder seinen eigenen Nutzen gesucht habe, ermahnt er zum Schlusse, nach Aufzählung der zu diesem Ziele vergeblich versuchten Wege, die Stände „sich zu Gemüthe zu führen, in welchen Nöthen und Gefahr die deutsche Nation stehe, nicht allein wegen des grausamen Erbfeindes des christ= lichen Namens und Glaubens, sondern auch wegen anderer äußerlichen Feinde, deren Vorhaben auf gleiches Ende gerichtet sei, aus dieser jämmerlichen, zum Theil durch ihre geschickten Praktiken angestiftete Empörung und daraus erfolgender Ver= wüstung und Zerstörung deutscher Nation Vortheil zu schöpfen [1])."

Die Friedensverhandlungen begannen damit, daß, wie es gleichfalls schon in Passau vorgesehen war, aus den Fürsten, den Städten und den Grafen ein Ausschuß gebildet wurde, um ne= ben dem Kurfürstencolleg die Vereinbarung vorzubereiten.

Man vereinigte sich bald darüber, daß der Friede auf im= mer in Kraft bleiben müsse, wenn auch die Vereinigung im Glau= ben nicht zu Stande kommen sollte. Als man aber dazu über= ging, das Verhältniß der im Glauben getrennten Parteien näher festzustellen, stieß man auf so große Schwierigkeiten, daß sie un= überwindlich zu werden schienen.

Die Protestanten stellten sich nämlich, trotz ihrer innern Zer= splitterung, ganz auf den Standpunkt der alten Kirche, und indem sie deßhalb annahmen, daß ihre Religionsform die allein wahre

---

1) Menzel, a. a. O. S. 545 ff.

und die ihrer Gegner eine völlig falsche sei, begnügten sie sich nicht mehr damit, freie Religionsübung für sich nach dem damaligen Bestande zu fordern, sondern verlangten, daß es auch den geistlichen Reichsständen und Obrigkeiten sammt ihren Unterthanen frei stehen müsse, die alte Religion zu verlassen. Da aber die Unterthanen in jener Zeit gar nicht gehört wurden, sondern willenlos von den Reichsständen bezüglich der Religion abhingen, so genügte der Abfall eines geistlichen Reichsstandes, z. B. eines Bischofes, um nach diesem Grundsatze ein ganzes Land von der alten Kirche zu trennen.

Die Katholischen entgegneten: „Wenn es geistlichen Reichsständen freigestellt werde, in die Augsburgische Confession zu treten, würden nicht wenige das Beispiel des Herzogs von Preußen befolgen, und die Stifte erb= und eigenthümlich an sich bringen, oder wenigstens die größere Freiheit, welche die Augsburgische Confession gestatte, mit dem Genusse geistlicher Nutzungen zu verbinden trachten. Prälaten, denen es erlaubt werde, das geistliche Kleid von sich zu werfen und zu heirathen, würden entweder alle Klostergüter an sich ziehen, oder vor ihrem Austritt so aufräumen, daß den Klöstern wenig verbleibe. Auch an Weltlichen werde es nicht fehlen, welche sich lieber der geistlichen Gerichtsbarkeit würden entziehen, ja dieselbe sich zueignen, als unter derselben stehen wollen. Das einzige Mittel, den Bestand der katholischen Kirche gegen die Lockungen des Weltsinnes zu retten, sei daher die Bestimmung, daß jeder Geistliche, hohen wie niedrigen Standes, der von der alten Religion abtrete, alsbald nach Recht und durch die Thatsache selbst als seines Standes und Amtes verlustig angesehen werde."

Die Protestanten erklärten hiergegen, ganz in Uebereinstimmung mit dem eben bezeichneten Grundsatze der ausschließlichen Berechtigung ihrer Religionsform, daß sie sich diese Beschränkung des Zutrittes zu ihrer Confession, „ohne Verletzung der göttlichen Majestät und ohne höchste Beschwerung ihrer Gewissen, nicht gefallen lassen könnten. Die Verheißungen Gottes im Alten und Neuen Testamente, durch welche allen Menschen ewiges Leben und Se-

v. Ketteler, Bruch des Religionsfriedens.　　　　2

ligkeit zu theil werde, seien allgemein. Man könne und wolle dieselben nicht beschränken, und keinem Menschen den Himmel zu= schließen und sperren, um nicht am jüngsten Tage in das erschreck= liche Urtheil Christi zu fallen und hören zu müssen: Wehe Euch, die Ihr die Thüre des Himmelreiches den Menschen verschließet! Es sei kein ungläubiger Jude, Heide oder Türke, welcher anders Vernunft und einen geringen Eifer für seine Religion habe, der nicht wolle, daß er alle Menschen zu sich ziehen und seiner Re= ligion anhängig machen möchte. Wie viel mehr sollen wir, so rechte Christen sein sollen, und denen Gott bei Verlust ihrer Seligkeit solches befohlen, aus christlicher Liebe dazu geneigt sein."

Abermals antworteten die Katholiken: „Die von den Pro= testanten in Erwähnung gestellte Verpflichtung, Jedermann der wahren Religion theilhaftig zu machen, und Niemand vom Him= melreich auszuschließen, komme nicht denselben zu Gute. Es sei nur Ein Glaube, den alle, die sich Christen nennen, bekennen und bewahren müßten, welchem vormals die Kaiser und Könige, die Fürsten und die Obrigkeiten des Reichs und das ganze Volk sich mit Eidschwüren verpflichtet und den von jener Zeit an alle Deutschen gehalten hätten, mit Ausnahme derjenigen, welche von demselben abgefallen wären. Es dürfe also keine Neuerung ge= macht, sondern alles müsse nach dem alten Glauben eingerichtet, und jedwede Seele angehalten werden, der katholischen Kirche zu gehorchen . . . . Wenn das angenommen werde, daß Jeder, der eine vom katholischen Glauben verschiedene Meinung hege, sich mit seinem Gewissen entschuldigen dürfe, so würden auch die Wiedertäufer, Zwinglischen, Schwenkfelder und andere dieser Art entschuldigt und in den Religionsfrieden eingeschlossen wer= den müssen. Wenn die Protestanten behaupteten, daß die gött= lichen Verheißungen nur diejenigen angingen, welche einerlei Lehre mit ihnen bekenneten, so verhalte sich die Sache ganz anders. Da sie sich von der Gemeinschaft der Kirche getrennt hätten, seien sie sogar nach ihrem eigenen Urtheil vom Himmel= reich ausgeschlossen, denn, da es außer der Kirche kein Heil gebe,

wie könnte das Himmelreich diejenigen angehen, welche die
Sakramente der Kirche verwerfen? u. f. w."

Die Protestanten waren hiernach so weit entfernt, den Grund=
satz der Allein berechtigung der wahren Religion zu bestreiten, daß
sie denselben vielmehr für sich mit aller Entschiedenheit geltend
machten, und darauf das Recht der Ausbreitung auch in katho=
lischen Ländern stützten. Sie waren aber ebenso weit davon entfernt,
Sectirern, wie den Wiedertäufern u. dgl., dasselbe Recht einzuräu=
men, welches sie für sich über die Bestimmung der wahren Religion
in Anspruch nahmen. Luther hatte ja ausdrücklich früher in
einer Denkschrift nachgewiesen, daß die weltliche Obrigkeit die
Sectirer mit dem Tode bestrafen müsse. Die Protestanten be=
haupteten also für sich das Recht zu haben, ihre Religion für
die wahre Religion zu halten und zwar, wie sie in der Antwort
ausführten, weil nur diese in den Schriften der Propheten und
Apostel enthalten sei, während sie dieses Recht für die Sectirer
wie für die Anhänger der alten Religion bestritten.

Da war nun eine Ausgleichung natürlich unmöglich, weil
hier Alles auf die von ihnen beliebte Auslegung der Schriften
„der Propheten und Apostel" ankam, während sie sowohl die der
alten Kirche als die der Sectirer als unrichtig verwarfen. So schrie=
ben sie sich factisch eine unfehlbare Auslegung des Wortes Got=
tes zu, welche sie der alten Kirche bestritten hatten. Aehnliches wie=
derholt sich immer und so auch bei den neuesten Sectirern. Un=
ter diesen unvereinbaren Widersprüchen schien das Friedenswerk
unmöglich zu sein, und Ferdinand stand im Begriff von Augs=
burg abzureisen, um den Versuch im nächsten Jahre fortzusetzen.
In diesem kritischen Augenblicke aber machte sich unter den
Reichsständen das Gefühl der Nothwendigkeit einer Verständigung
so dringend geltend, daß Ferdinand noch einen letzten Anlauf
nahm, der denn endlich zum Religionsfrieden führte. Die Ver=
einbarung selbst war am 21. September 1555 zu Stande ge=
kommen, und am 26. desselben Monats wurde der völlig abge=
schlossene Religionsfriede mit dem Reichsabschiede bekannt ge=
2 *

macht. Bezüglich der Religion enthielt derselbe folgende Haupt,
bestimmungen:

In den Artt. 15 und 16 wurden die Bestimmungen des
Passauer Vertrages wiederholt, daß kein Reichsstand, weder der
Augsburgischen Confession, noch der „alten Religion", der Religion
wegen beschwert werden dürfe.

Nach demselben Art. 15 soll „die streitige Religion nicht
anders, dann durch christliche, freundliche, friedliche Mittel und
Wege zu einhelligem christlichem Verstand und Vergleich gebracht
werden, alles bei kaiserlichen und königlichen Würden, fürstlichen
Ehren, wahren Worten und Poen des Landesfriedens."

Art. 18 bestimmt, daß, „wo ein Erzbischof, Bischof, Prälat
oder ein Anderer geistliches Standes von unserer alten Religion
abtreten würde, daß derselbig sein Erzbisthum, Bisthum, Prä=
latur, und andere Beneficia, auch damit alle Frucht und Ein=
kommen, so er davon gehabt, alsbald ohne einige Widerung und
Verzug, jedoch seinen Ehren ohnnachtheilig, verlassen müsse."

Nach Art. 20 soll die geistliche Jurisdiction über die Augs=
burgischen Confessionsverwandten, bis zu endlicher christlicher Ver=
gleichung der Religion, „ruhen, eingestellt und dispensirt sein und
bleiben."

Dieser Friedensstand soll, „um des geliebten Friedens wegen,
um das hochschädliche Mißtrauen im Reiche aufzuheben, um diese
löbliche Nation vor endlichem vorstehendem Untergang zu ver=
hüten", und um endlich „desto eher zu christlicher, freundlicher
und endlicher Vergleichung der spaltigen Religion zu kommen",
auch dann fortdauern, wenn solche Vergleichung vorläufig noch
nicht zu Stande kommen sollte. Er soll, „bis zu endlicher Ver=
gleichung der Religion und Glaubenssachen, stehen und bleiben,
und soll also hiermit obberührter Gestalt, und sonst in alle andere
Wege, ein beständiger, beharrlicher, unbedingter, für und für
ewig währender Friede aufgerichtet und beschlossen sein und
bleiben [1]."

---

[1] Londorpius, a. a. O. S. 22.

Wenn auch in diesem Religionsfrieden die Ungiltigkeit der
Mehrheitsbeschlüsse auf Reichstagen in Religionssachen, eben so
wenig wie in Passau, ausdrücklich ausgesprochen war, so folgte sie
doch, ähnlich wie dort, von selbst aus den materiellen Bestimmungen
desselben. Der Religionsbestand beider Religionstheile wird an=
erkannt und gegen jede Beeinträchtigung geschützt; die „streitige
Religion" soll nur durch friedliche Wege zum Vergleich gebracht
werden; die Jurisdiction der katholischen Bischöfe über die Augs=
burgischen Confessionsverwandten wird bis zum Ausgleich in der
Religion suspendirt; der Religionsfriede soll dauern bis zur
endlichen Wiedervereinigung in der Religion. Durch alle diese
Bestimmungen war die Giltigkeit der Mehrheitsbeschlüsse in Re=
ligionssachen aufgehoben. Wenn man vermied, dies ausdrücklich
auszusprechen, so hatte das wohl theils in der Achtung vor dem
alten Reichsrechte, theils aber auch darin seinen Grund, daß
viele Reichsstände bemüht waren, das Recht der Mehrheit auf den
Reichstagen, in welchem doch die Autorität der Reichsgewalt
ruhte, im Interesse der eigenen Machtvergrößerung nicht nur in
Religionssachen, sondern auch in vielen andern wichtigen Reichsan=
gelegenheiten zu beschränken. Man vermied daher wohl hier noch diese
schwierige Frage, an die sich bald alle dem Reiche feindlichen Bestreb=
ungen knüpfen sollten, bis sie endlich in dem Westphälischen Frieden
zum vollen Austrag kam. Die Ansicht wurde aber immer allge=
meiner, und das hatten auch die Verhandlungen in Augsburg,
welche dem Religionsfrieden vorhergingen, neuerdings bewiesen,
daß, wenn in einem Volke mächtige Parteien sich gegenüber
stehen, von denen jede die wahre Religion zu besitzen glaubt,
ein Austrag dieser großen Frage durch äußere gewaltsame Mit=
tel, ohne einen Vertilgungskampf unmöglich ist, und daß in
solchen Fällen nichts übrig bleibt, als daß jeder Theil seine
Religionssachen für sich besorgt, und sich jeder Einmischung in
die des anderen enthält. Diese Ueberzeugung, welche leider in
unseren Tagen zum Verderben Deutschlands vielfach verloren
gegangen ist, brach sich damals immer mehr Bahn.

IV. Aber auch dieser Religionsfriede, welcher geschlossen war, um „diese löbliche Nation vor endlichem vorstehendem Untergang zu verhüten," brachte, trotz seiner so billigen Bestimmungen, noch keinen Frieden. Nichts hatte in der That die deutsche Nation nothwendiger als einen Frieden, wie der Augsburger Religionsfrieden ihn verhieß, „einen beständigen, beharrlichen, unbedingten, für und für ewig währenden Frieden." Daß die deutsche Nation ohne ihn in Gefahr war, dem Untergang entgegen zu gehen, konnte Keinem verborgen sein. Aber unter den Reichsständen gab es solche, denen an diesem Untergange wenig gelegen war, wenn sie nur ihr eigensüchtiges Interesse dabei befriedigten.

Wie diese bemüht waren, die Reichstage und damit die Reichsgewalt selbst zu einem machtlosen Schatten herabzuwürdigen, und wie sie die Religionsbeschwerden benutzten, um jede Verständigung, jeden Mehrheitsbeschluß auch bezüglich aller andern Gegenstände auf den Reichstagen zu verhindern, davon bietet der Reichstag zu Regensburg 1613 ein merkwürdiges Beispiel.

Auf diesem Reichstage standen sich eigentlich nicht mehr die alten Parteien, wie seit der Glaubensspaltung, nämlich Katholiken und Protestanten, gegenüber. Die Lutherischen, der Kurfürst Johann Georg von Sachsen und der Landgraf Ludwig von Hessen-Darmstadt, hatten sich vielmehr von den Calvinischgesinnten getrennt und den katholischen Ständen angeschlossen. Die von den sogenannten Correspondirenden im Namen der Protestanten geltend gemachten Beschwerden gingen vielmehr von der Pfälzisch-Calvinischen Partei aus, im Sinne ihrer mit dem Auslande zusammenhängenden politischen Umtriebe.

Als daher die kaiserlichen Propositionen über Verbesserung des Reichsjustizwesens, über Bewilligung der Geldhilfen gegen die Türken, über Regulirung der Reichsmatrikel und des Münzwesens, über Wiedererlangung der dem Reiche entrissenen Länder Metz, Toul und Verdun dem Reichstag zur Berathung vorgelegt wurden, überreichten jene correspondirenden Stände eine Anzahl von Religionsbeschwerden mit dem Antrage, dieselben vor allen andern Gegenständen zu berathen. Der Kaiser er-

wiederte, der jetzige Reichstag sei ja eben zur Wiederher=
stellung der Ruhe, des Friedens und des Rechtes im Reiche
veranstaltet worden, ihre Beschwerden, wie die der andern Partei,
sollten berathen werden; sie dürften aber den ordentlichen Gang
der Reichstagsverhandlungen nicht aufhalten; über diesen habe
nicht eine Partei, sondern die Stimmenmehrheit zu entscheiden.
Daß die Stimmenmehrheit hierüber entscheide, sei der Natur
der Sache und den Gesetzen des Reiches wie des Völkerrechtes
gemäß. Er versehe sich daher väterlich und ernstlich, daß sie
sich von den Berathschlagungen nicht absondern würden, weil
sie ihm sonst in der That, wenn man schon den Namen nicht
haben wolle, den Reichstag schwer machen würden.

Trotzdem blieben die Correspondirenden bei ihrer Forderung,
und als nun die andern Stände, das kurfürstliche Collegium
mit Sachsen und das fürstliche Collegium mit den herzoglich=
sächsischen Häusern und Darmstadt, durch Stimmenmehrheit be=
schlossen, daß zuerst über die kaiserlichen Propositionen berath=
schlagt werden solle, zogen sich die correspondirenden Stände von
aller Theilnahme zurück und übergaben zugleich ein Verzeichniß
derjenigen Gegenstände, bei welchen, ihrer Meinung nach, über=
haupt keine Stimmenmehrheit gelten könne.

In diesem Verzeichnisse wurden nun nicht nur alle Re=
ligions= und Gewissenssachen, alles, was den Religionsfrieden
und dessen Anhang betrifft, alle Sachen, „darin die Katholischen
mit den Evangelischen zwieträchtig und streitig sind, weil man
nicht zugleich einer Partei Amt vertreten und durch die Stim=
menmehrheit der Gegenpartei ihr Recht benehmen kann", sondern
so ziemlich alle andern Gegenstände ohne Ausnahme, welche auf
dem Reichstage zur Verhandlung kommen konnten, aufgezählt.
So wurden genannt die Contributionssachen; Kammergerichts=
sachen; Exemtionen; Privilegien und Immunitäten der Stände;
Sachen, darin von des gemeinen Vaterlandes Wohlstand, Heil
und Ruhe gehandelt wird; Sachen, so mit der Gerechtigkeit strei=
ten; Verträge der Geschlechter, Verhandlungen, Verbündnisse und
dergleichen, „da der König in Böhmen, die Kurfürsten von der

Pfalz und von Sachsen im Geringsten nicht dulden würden, daß ihre Verhandlungen und Verträge durch die Stimmenmehrheit aufgehoben werden sollten." Es genügte ihnen aber noch nicht, in diesen und andern Sachen die Giltigkeit der Majoritätsbe= schlüsse des Reichstags abzulehnen, sondern durch den Schlußsatz, „endlich sei es in Sachen, die eine gemeine Bewilligung erfor= dern, nicht genug, daß nur etliche bewilligen, denn nach den Regeln müsse dasjenige, was eine Gemeinde angehe, auch von der ganzen Gemeinde und nicht von etlichen bewilligt oder ein= gegangen werden," forderten sie im Grunde sogar Stimmenein= helligkeit für alle Reichstagsbeschlüsse[1].

Die Maßlosigkeit dieser Forderungen und der Mißbrauch, welcher mit den Religionsbeschwerden getrieben wurde, liegt zu Tage. Die Correspondirenden wollten aus dem Deutschen Reichs= tage einen Polnischen Reichstag machen, wo auch der Widerspruch Einer Stimme genügte, um jeden Beschluß zu vereiteln. So sollte er ein Spielball der Parteien werden. Dieser Reichstag hatte unter solchen Umständen keinen anderen Erfolg, als die Bewilligung der Türkenhilfe und wurde dann aufgelöst. Wir haben ihn hauptsächlich deßhalb hier erwähnt, um zu zeigen, wie schwierig alle Verhandlungen damals durch Benutzung der reli= giösen Spaltung wurden, und wie sich die Parteien mit ihren Anforderungen gegenüber standen. Dadurch werden uns auch die Verhandlungen, welche dem Westphälischen Frieden vorhergin= gen, namentlich die endlosen Streitigkeiten über die Stimmen= mehrheit auf dem Reichstage, verständlich.

V. Wir gehen jetzt zu diesem über und halten es für noth= wendig, die Verhandlungen über die Stimmenmehrheit, nament= lich in Religionssachen, ausführlich mitzutheilen. Sie dienen wesentlich zum Verständniß der entsprechenden Bestimmungen des

---

1) Ueber diesen Reichstag und „die verfassungswidrigen und ruhe= störenden Umtriebe" der kurpfälzischen Partei vergl. Menzel a. a. O. B. 6. S. 35—55.

Weſtphäliſchen Friedens und zeigen zugleich, wie man damals
nach den ſchweren Religionskämpfen allgemein die Ueberzeugung
gewonnen hatte, daß der Friede unter den verſchiedenen Reli=
gionsgenoſſen in Deutſchland nur möglich iſt, wenn jeder Theil
ſeine Religionsangelegenheiten ausſchließlich ſelbſt beſorgt, und
entſtehende Conflicte nur durch friedliche Vereinigung gelöſt wer=
den. Das iſt eine mit dem Herzblute des deutſchen Volkes er=
rungene Ueberzeugung. Alles, was damals geſagt und verhan=
delt worden, iſt aber überaus lehrreich für den jetzt entbrannten
Kirchenſtreit und beweiſt, wie verderblich und wie unberechtigt
die jetzt eingeſchlagenen Wege ſind. Wenn überhaupt noch die
Geſchichte des deutſchen Volkes und die großen Ereigniſſe derſel=
ben eine Berechtigung haben, ſpätere Zeiten darüber zu belehren,
was dem gemeinſchaftlichen Vaterlande zum Heile und zum Ver=
derben gereicht, dann ſollte man doch die nach ſolchen Kämpfen
errungene Ueberzeugung jener Zeit über den einzigen Weg, den
Religions=Frieden in Deutſchland zu erhalten, nicht leichtſinnig
außer Acht laſſen.

Bemerkenswerth bei dieſen Verhandlungen iſt insbeſondere, daß
über die Ausſchließung der Stimmenmehrheit in Religionsſachen
eigentlich auf beiden Seiten volle Uebereinſtimmung vorhanden
war, daß man aber dennoch zu einer Verſtändigung lange Zeit nicht
gelangen konnte, weil die Proteſtanten immer wieder, von den Re=
ligionsſachen ausgehend, bemüht waren, ſofort auch andere Gegen=
ſtände in die Verhandlungen hineinzuziehen und auch für ſie den
Ausſchluß der Majora zu gewinnen, wodurch die Reichsgewalt ſelbſt
lahmgelegt worden wäre. Darum vermied man auf proteſtantiſcher
Seite deutlich auszuſprechen, welche Gegenſtände man von der
Mehrheitsabſtimmung ausſchließen wolle; und ſo ging durch
dieſe Verhandlungen jene Unklarheit, welche ſo lange Zeit
eine Verſtändigung verhinderte.

Am 15. December 1645 übergaben die evangeliſchen Reichs=
ſtände von Osnabrück aus ſowohl den kaiſerlichen Geſandten als
ſämmtlichen katholiſchen Kurfürſten und Ständen in Münſter
ihre „gravamina ecclesiastica“, und wählten gleichzeitig aus

ihrer Mitte eine Commiſſion (deputati ad gravamina) dieſelben zu betreiben und zu erledigen [1]).

Als einen Hauptgrund ihrer Beſchwerden führen ſie den Ge=brauch an, über Dinge, bei welchen die Katholiſchen für ſich die eine, die Evangeliſchen für ſich die andere Partei bilden, auf den Reichs= und Kreistagen durch Stimmenmehrheit zu entſchei=den. Dem müſſe, wenn Friede werden ſolle, in Zukunft ge=ſteuert werden.

Nr. VII. der gravamina lautet nämlich: „Es haben auch inſonderheit die Evangeliſchen Stände, bey vormals gepflogenen Reichsconventen, wie nicht weniger auf Deputations= Krayß= und andern dergleichen Tägen, öffters, nicht ohne ſonderbare Beſchwerde, erfahren und verſpühren müſſen, daß man Katholiſchen theils, auf die mehreren Stimmen in allen und jeden Fällen in=differenter gehen, und darwieder keine Ein= und Widerrede gelten laſſen wollen, daraus denn nicht allein große Alteration bereits entſtanden, ſondern noch größer Unheil künftig erwachſen könnte, wo nicht zeitliche Remedirung bei gegenwärtiger Friedens=Hand=lung, durch vernünfftige Separation der Fälle darinnen ge=ſchehen ſollte. Es erinnern ſich zwar der Fürſten und Stände Geſandten gar wohl, daß in gewiſſen Geſchäfften, und ſonderlich wenn es um Defenſion des Heiligen Römiſchen Reichs, oder Erwählung eines Oberhaupts zu thun, wie nicht weniger, da zwey Reichs=Collegia einerlei Meinung mit einander ſein, die Majora ihre Gültigkeit, nach Ausweiſung Pacis publicae und Aureae Bullae, unwiderſprechlich haben und behalten: In frei=willigen und denen Sachen aber, da beider Religion zugethane Stände, Partheyen mit einander machen, und keiner dem an=dern, was er thun oder laſſen ſollte, Maaß und Ziel zu ſtecken hat, würde aller menſchlicher Vernunfft und von Natur implan=tirten Billigkeit zuwiderlauffen, wann eine Parthey der andern

---

[1] „Acta pacis Westphalicae publica, oder Weſtphäliſche Friedens=Handlungen und Geſchichte“ von Johann Gottfried von Meiern. Hannover 1733—36 B. 1. S. 823 ff. B. 2. S. 531 ff.

Geſetz geben, oder einige Beſchwerung aufbringen ſollte. Halten
es demnach dafür, man hätte ſich deswegen mit einander freund=
lich und alſo zu vergleichen, daß nicht allein in Religions=Con=
tributions= und denen Sachen, da die Stände ut singuli zu
conſideriren, ſondern auch in allen und jeden andern, ſie treffen
an, was ſie immer wollen, darinnen die Katholiſchen eine, und
die Evangeliſchen die andere Parthey conſtituiren, das Uber=
ſtimmen hinführo nicht mehr gelten, noch der Schwächere von
dem Stärkeren dadurch überlängert, ſondern eine durchgehende
Gleichheit unter den Ständen des Reichs gehalten, und keiner
von dem andern wider Billigkeit und Recht beſchwehret werden
ſolle. Widrigenfalls da die Evangeliſchen Stände dem parthey=
lichen Ausſchlage und Belieben des mehrentheils ſich jedesmahls
untergeben und unterwerffen müſten, würden ſie von allgemeinen
Reichs=Verſammlungen anders nicht denn Schaden, Nachſtand
und endliches Exterminium zu gewarten haben."

Um das Ueberſtimmen künftighin unmöglich zu machen, be=
antragen ſie außerdem [1]): „Alß auch eine große Ungleichheit ſich biß=
her in dem erzeiget, daß auf Ordinari=Deputations=Tägen die Evan=
geliſchen von den Katholiſchen weit überſtimmet geweſen, halten
der Fürſten und Stände Geſandten, zu Verhütung allerhand daraus
erwachſender Beſchwerden und ungleicher Gedanken rathſam und bil=
lig zu ſein, daß bei der Reichs=Deputation der Evangeliſchen Deputir=
ten Anzahl verſtärcket und den Katholiſchen gleich gemachet, ſodann
dieſelbe mit ſonderbahrem Fleiß erinnert werden, die ihnen im
Reichs=Abſchiede geſetzte limites und Schrancken im wenigſten nicht
zu überſchreiten, noch ſich ſolcher Sachen anzumaſſen, welche auf
comitia und geſammte Stände des Reichs gehören, dergleichen
auch bei allen extraordinariis deputationibus zwiſchen dem
Kur= und Fürſten=Rath, daß nemlich ſelbe von beyder Religion
zugethanen Perſonen, in gleicher Anzahl jedesmal verrichtet wer=
den, in Acht zu nehmen von nöthen iſt."

Dieſelbe Parität wollen ſie hergeſtellt ſehen in der Beſetzung

---

1) Ebend. B. 2. S. 531.

der Stellen an den Reichsgerichten [1]): „Insonderheit aber, weiln die gleichmäßige administratio justitiae vornemlich in dem be=stehet, daß der Richter unpartheyisch und keinem Theil mehr als dem andern zugethan und gewogen sey: Alß will man Evangelischen theils, zuvörderst und für allen Dingen, die, von so langer Zeit her so offt und inständig gethane Bitte und remonstratio anhero dahin wiederholet haben, daß der höchsten Noth, Vernunfft, natürlichen Billigkeit und aller Völker Rechten, wie auch vinculo stabiliendae in Republica libera, inter status paris dignitatis et juris, concordiae et amicitiae gemäß, alle und jede von obbemeldten vier höchsten Gerichten, mit ohngefehr zwölff oder sechszehen, minder oder mehr, der conjungirenden Krayse Gelegenheit nach, von den Evangelischen und Römisch=Katholischen, in gleicher Anzahl, mit eitel Deutschen und im Reich gesessenen, auch aus den Kraysen des Reichs, von selbigen Ständen selbsten präsentirten .... Präsidenten, Assessorn und Reichshofräthen, auch Cantzlei=Verwandten und andern Justitiae ministris, beständig besetzet, und zumahlen keine zwischen Evan=gelischen und Römisch=Katholischen Partheyen bestehende Sache an=ders, dann vor= und von paribus numero beyder Religionen Räthen, Assessoribus und Commissariis, referiret, entschieden oder sonsten verhandelt, und also jedermänniglich, sine ullo rerum vel per-sonarum respectu, an gehörigen Orten unpassionirtes schleuniges Recht widerfahren und ertheilet werden möge. Dann gleichwie der Kaiserlichen Majestät Hoheit darunter eben so wenig abgehet, wann gleich die assessores und Reichshofräthe der evangelischen Religion zugethan, als wann selbige der Römisch=Katholischen verwandt und beipflichtigt sind: also ist je leichtlich zu erachten, welchergestalt beyderseits in gründlichem beständigen Frieden, Einigkeit und Vertrauen mit einander zu leben, und alles hoch=schädliche Mißtrauen und Widerwillen radicitus aus dem Wege zu räumen, nicht möglich und für sich selbsten sowol der evan-gelicorum statuum, neben dem Römisch=Katholischen im Reich

1) Ebend. B. 2. S. 534. n. X.

unwiderfprechlich hergebrachten gleichem Stande, Reputation, Rechten und Freiheiten, höchst präjudicir= schmäler= und nach= theilig, als auch vinculo societatis humanae et stabilis in im- perio concordiae, neben andern ob= angezogenen unwiderfprech= lichen Fundamenten und Rationen allerdings ungemäß und zu= wider fein würde, dafern die Evangelischen intuitu religionis, so gar verhaffet und verdacht fein follten, daß auch dieselbe zu Dienern und Administratoren der Justiz, in gehöriger gleicher Anzahl, durchgehends nichts geduldet und fähig geachtet werden follten."

Ja, wofern bei Gerichtsverhandlungen in folcher Weise völlig paritätischer Richter, ein dubium oder paritas votorum unter beiderseits Religions=Verwandten vorfiele, folle die Entscheidung und der Ausschlag auf einem allgemeinen Reichstage getroffen werden [1]).

Auf diese „Gravamina" reichten die „der alten katholischen Religion zugethanen Kur=Fürsten und Stände" unter dem 29. Januar 1646 den Evangelischen ihre „Antwort und Gegenbe= schwerde ein." Zu gravamen VII., die „majora vota" betreffend, lehnt die Antwort[2]) im Allgemeinen ein solches Verlaffen des einzigen „Entscheidmittels" und Völkerrechtes ab, denn daß „beider Religionen Stände universaliter Parthey) gegen einan= der conftituiren, könne anderst nichts, als Confufion, Miß=Ver= ftand und Weiterung caufiren," giebt nichtsdeftoweniger ihre Be= reitwilligkeit zur Unterhandlung zu erkennen, nur werde „zu bef= ferer Erläuterung dieses Puncti von Nöthen fein, daß fich die Herren Augspurgischen Confessions=Verwandten in specie er= klären, in welchen Sachen fie majora gelten, und in welchen fie dieselbe nicht gelten laffen wollten."

Bezüglich der Gerichtsreform müßten fie an den Reichstag verweisen, da fie nicht in ihrer Competenz liege.

In der am 26. Februar 1646 gegebenen Antwort der Evan- gelischen bemerken diese zu gravamen VII. (majora[3]): „Haben die

<hr />

1) Ebend. S. 535. — 2) Ebend. S. 539. insb. 563. — 3) Ebend. S. 572 ff.

Evangelischen anders nichts begehrt, als was der Vernunft, natür=
lichen Billigkeit und Reichsverfassung gemäß, darum hat es dabei
sein Bewenden;" und zu gravamen X. (Parität der Richter): „Ist
vonnöthen, daß vor geendigten Tractaten, die … begehrte Parität
der Präsidenten, Assessorn, Reichshofräthen, Comissariorum, Kanz=
lei-Verwandten und anderer ministrorum justitiae, von beiden
Religionen (sowohl der Oerter halben, wo die judicia hinzule=
gen, auch de remissione dubiorum ad Comitia) ein gewisser
Schluß gemacht werde."

Die katholischen Vertreter wiederholten in ihren am 7. März
den evangelischen eingehändigten „Unvorgreiflichen Gegen = Vor=
schlägen" in Bezug auf die vorliegenden Punkte ihre frühere
Antwort. Als der Streit deßhalb eine täglich wachsende Heftig=
keit annahm und die Protestanten, gestützt auf die schwedische Macht,
nicht nachgeben, ja selbst in keine weiteren schriftlichen Unter=
handlungen sich einlassen wollten, bequemten sich schließlich die
katholischen Stände Abgesandte nach Osnabrück zu schicken, damit
dort mündlich die gravamina gegenseitig vereinbart würden. Dort
tagten sie vom 2. bis 25. April. Im Verlaufe dieser Conferenzen
wußten indessen die Evangelischen zum VII. und X. Beschwerde=
punkte keine andern Vorschläge zu thun, „als die sie allbereit zu
vorhero ins Mittel gebracht" …. „So sei auch die gesuchte
Aequalität und paritas numeri von beiden Religionen, derer die
zur Justiz gehören, an sich selbst mit solchen rationibus gegründet,
daß man hievon evangelischen Theils nicht abweichen könne [1]."

Inzwischen wurden diese gemeinsamen Unterhandlungen
durch andere Geschäfte unterbrochen. Die Münsterschen katholi=
schen Fürsten und Stände berathschlagten deßhalb wieder unter
sich, was sie von diesen übertriebenen, aber immer wiederholten
Forderungen der Evangelischen annehmen könnten, was nicht.
Durch den ersten kaiserlichen Gesandten, Graf Trautmannsdorf
übergaben sie am 1. Juni den für die gravamina erwählten
evangelischen Deputirten eine „Hauptsächliche Erklärung über die
Religions gravamina." In derselben sagen sie [2]: -

<hr/>

1) Ebend. S. 614. — 2) Ebend. B. 3. S. 155.

„*Vota in Comitiis Imperii.* In Religions=Sachen läſt man geſchehen, daß die majora vota nicht ſtatt haben; in übrigen Reichs=Sachen verbleibt es bei dem Herkommen, daß die majora ſchlieſſen."

„*Praesentationes in Camera* betreffend. Weiln auch ſchwerlich einiger Stand ſich dahin verſtehen wird, daß er jemand anders, als ſeiner Religion zugethane präſentiren ſolle; alß bleibt es der Präſentation halber - beim Herkommen, wird jedoch nachgegeben, daß in causis ex pace religiosa descendentibus allezeit pares numero et utriusque Religionis assessores in referendis et decidendis illis abhibirt werden ſollen: Inmaſſen auch Ihro Kayſerliche Majeſtät gleicher= geſtallt eine gewiſſe Anzahl von Augspurgiſchen Confeſſions= Verwandten zu Reichshofräthe aufnehmen, und ebenmäßig die controversias ex pace religiosa descendentes durch vorange= regte Parität erledigen zu laſſen erbietig 1)."

Bei Ueberreichung dieſer Erklärung hatte man gebeten, daß die evangeliſchen Stände recht bald ihre Antwort darauf abge= ben möchten. Dieſe traten denn auch gleich zu Berathungen zuſammen, aber die üblichen Rangſtreitigkeiten einerſeits und andererſeits die erforderliche Vereinbarung mit den Geſandten der evangeliſchen Kürfürſten von Sachſen und Brandenburg ver= zögerten bis zum 9. Juni die Abfaſſung ihrer „Ferneren Er= klärung," welche ſie noch am nämlichen Tage den kaiſerlichen und ſchwediſchen Geſandten einhändigten 2). 47) „In Religion= Contribution= und Sachen, da die Stände nicht als ein corpus universum conſiderirt werden, auch in andern, ſie treffen an was ſie wollen, darinnen die Evangeliſchen eine und die Katholi= ſchen die andere Parthey conſtituiren, ſollen auf Reichs= Depu= tations= Krayß= und andern dergleichen Conventen die majora vota nicht ſtatt haben." 48) „Auf den Reichs=Deputations= Tägen ſoll die Anzahl der Deputirten von beyden Religionen gleich gemacht, wie auch auf Reichs=Tägen, bey allen Deputationen,

---

1) Ebend. S. 159. — 2) Ebend. S. 167.

sie ergehen von einem, zweyen oder allen dreyen Reichscollegiis,
solche Parität in Acht genommen, desgleichen, wann Commissiones
ins Reich erkannt werden, an Evangelische lauter Evangelische,
an Katholische lauter Katholische, und an vermischte von beyden
Religionen gleicher Anzahl verordnet werden." 50) „Die Gerichte
sollen mit Evangelischen und Katholischen, in gleicher Anzahl, mit
eitel Deutschen und im Reich gesessenen besetzt werden, welches
dann von den Präsidenten, Assessorn, Reichshofräthen, Kantzley=
Verwandten und andern Ministris Justitiae zu verstehen, und
an der abgehenden Stelle gleiche Religion zu präsentiren."

Als dieser Gestalt die Evangelischen immerfort „ziemlich in
extremis verharrten", begannen die Kursächsischen Gesandten
sich von ihren evangelischen Genossen zu trennen, und allein mit
den Kaiserlichen über die Relionsbeschwerden zu unterhandeln.
Sobald die andern Evangelischen von diesem Schritte hör=
ten, ließen sie zwar durch den Altenburgischen Gesandten früh
am Morgen des 13. Juni, wo die Conferenz hierüber beim
Grafen Trautmannsdorf beginnen sollte, den Kursächsischen vor=
stellen „was unter solchen Handlungen vor Gefährlichkeiten
steckten", erreichten aber dennoch ihren Zweck nicht, weil diese
erwiederten, „sie hätten in ihrer Instruction, media fürzuschlagen.
wie die gravamina religionis etwann gehoben werden möchten."

Ihre in dieser Conferenz niedergeschriebenen Privatvorschläge[1]
stimmten bis auf einige unwesentliche Punkte mit den Vorschlä=
gen der Kaiserlichen überein, „worüber die evangelischen Stände
um so mehr empfindlich wurden, als die Kursächsischen Ge=
sandten selbst kurz vorhero der Evangelicorum Gegenerklärungs=
punkten gebilligt hatten, nun aber in etlichen vornehmen Punk=
ten widrige Gedanken äußerten." Der 47. Artikel der evange=
lischen „Fernern Erklärung" (eben diese unbeschränkte Nullität
der vota majora) „sei zu limitiren," in contributionibus
sollten die majora nur für den „Fall, wann es die Türken=
Hülfe betreffe" statthaben; über die Parität der Reichsdeputirten

---

1) Ebend. S. 188.

könne man auch auf einem Reichstage sich vergleichen. In Con=
tributionsfachen forderte Trautmannsdorf dagegen eine allgemeine
Giltigkeit der majora, versprach auch, daß der Kaiser so viel
Reichshofräthe evangelischer Religion ernennen werde, um in
allen, die Religion „auf einerlei Weise" berührenden Verhand=
lungen ein paritätisches Nichtercollegium einzusehen und stellte
überhaupt den Grundsah als maßgebend auf [1]): „Die in causis
religionis streitige Fälle, sollten per amicabilem compositionem
von beider Religion Zugethanen ausgetragen werden."

Einen Monat später stellte Graf Trautmannsdorf den Evan=
gelischen die unterdessen von dem katholischen Theil eingereichten
„Weiteren und endlichen Compositionsvorschläge" (6. Juli) zu,
und ließ sie dabei bitten, „daß man das Werk nicht so schwer
mache, weil sie nicht befinden könnten, wie die Katholischen in
diesem Punkte ein mehreres thun könnten." Bezüglich der
Stimmenmehrheit erklärten sie darin [2]): „Daß in Religionsstrei=
tigkeiten und denen hierüber aufgerichteten Verträgen, auch da=
raus entstehenden zweifelhaftigen Quaestionibus die Majora
nicht sollen statt haben, mag auf Reichs= Deputation= Kreis=
und andern dergleichen Conventibus nachgegeben werden. Was
aber Contribution und andere den statum publicum Imperii
betreffende Sachen anlangt, soll es billig bei dem im Heiligen
Römischen Reich hergebrachten modo concludendi per majora
verbleiben, in Betrachtung sonst kein Mittel zu finden, wie zu
einigem Reichs=Schluß zu gelangen sein werde."

Es ist kaum möglich, das, was an der Forderung, die Com=
petenz der Mehrheitsbeschlüsse in Reichsangelegenheiten auszu=
schließen, berechtigt, was unberechtigt war, richtiger und schärfer
auszusprechen, als es hier von den Katholischen geschah.

Von Neuem begannen im November wieder Conferenzen
beiderseitiger Abgeordneten in Münster, aber der Erfolg war
gering. Kein Theil wollte dem andern noch mehr weichen. „So
nahmen," wie sie das bei jeder Forderung, die sie allein nicht

---

1) Ebend. S. 187. — 2) Ebend. S. 198.

v. Ketteler, Bruch des Religionsfriedens. 3

durchſetzen konnten, zu thun pflegten — „die Evangeliſchen ihre
Zuflucht zu den ſchwediſchen Legat Salvium" [1]), weil ſie „un=
möglich die Schweden vorbei gehen kunten," damit durch „ihre In=
terpoſition und Auctorität" das Gewünſchte erreicht würde. Sal=
vius ſollte direct mit Graf Trautmannsdorf verhandeln. Der ge=
wandte Schwede hatte zu dem Ende die Religionsbeſchwerden der
Proteſtanten nach ihrem letzten Wortlaut ins Lateiniſche übertragen
und beſtand darauf, daß ſie nach ſeinem Project in das Frie=
densinſtrument aufgenommen würden. Als daher die Kaiſer=
lichen für die Berathung die von ihnen und den katholiſchen
Vertretern zuletzt verfaßten Compoſitionsvorſchläge zu Grunde
legten, wurde die Handlung gänzlich abgebrochen und Salvius
ging wieder nach Osnabrück. Um aber nichts unverſucht zu
laſſen, verfaßten die katholiſchen Stände gemeinſam mit den
Kaiſerlichen „der Katholiſchen endliche Erklärung," datirt vom
letzten November 1646, in der ſie „in die äußerſten Mittel ein=
gewilligt hätten, die auch Ihre Kaiſerliche Majeſtät anderwärts
nicht thun könnten noch wollten." Die große Gefahr, die ent=
ſtehen werde, wenn man auf Stimmenmehrheit jedesmal nach
Belieben nicht mehr zu Werke gehen wolle, ſetzen ſie darin ſehr
beredt auseinander. „Demnach," ſchreiben ſie [2]), „auch vielfäl=
tige Fragen vor dieſem entſtanden, ob in Religionsſtreitigkeiten
und denen hierüber aufgerichteten Verträgen, auch daraus ent=
ſtehenden zweifelhafftigen Quaeſtionibus die mehrere Stimmen
auf Reichs= Deputation= Krayß= und andern dergleichen Zuſam=
menkünften ſtatt haben ſollen; Alſo iſt verglichen, daß man
hinführo in ſolchen Fällen und was denſelben anhängt, die
mehrern Stimmen (es wäre dann Sach, daß man ſich in be=
gebenden Fällen darzu beſonders einhellig verbinden thät) nicht
fürdringen, ſondern diß Orts auf einhellige Zuſammenſtimmung
aller derjenigen, ſo darbei zu gewinnen oder zu verlieren haben
möchten, geſehen werden ſolle."

„Was aber andere den Statum publicum imperii und die

---

1) Ebend. S. 423. — 2) Ebend. S. 442.

Kriegs-Anschläge betreffende Sachen anlangt, soll es billig bei
dem im Heiligen Römischen Reich hergebrachten modo concludendi per majora verbleiben; in Betrachtung sonst kein Mittel
zu finden, wie zu einigem gemeinen Reichs-Schluß zu gelangen
sein werde; jedoch solle denjenigen Ständen, welche wegen ungleicher Anschläge oder anderweits zugestandener Unvermöglichkeit,
auf die gemeiniglich bewilligte Hülffen zu gefolgen, sich unver-
möglich befinden, ihre Nothdurfft jeweils bei Ihrer Kaiserlichen
Majestät absonderlich anzubringen, unbenommen sein."

In Bezug auf die Parität der Richter bemerken sie, daß
der Kaiser „sich erbötig gemacht, etliche Subjecta der Augspurgischen Confeffion zugethan, in Dero Kaiserlichen Reichs-Hof-Rath
anzunehmen, auf daß die paritas numeri in causis den Religionsfrieden betreffend, desto besser beobachtet werden könne" und
deßhalb diese Beschwerde der Protestanten in Wegfall komme;
was sonst über Reorganisation und Vermehrung der Gerichtshöfe
vorgeschlagen, gehöre vor den nächsten Reichstag.

Auf diese Erklärung der Katholischen erfolgte zunächst keine
Rückäußerung der Evangelischen. Diese vereinbarten vielmehr
mit den schwedischen Gesandten, um nichts zu unternehmen, mit
dem die „Herren Schwedischen übel zufrieden sein möchten," daß
sie sich gegenseitig unterstützen würden, und daß die Erledigung
der evangelischen Religionsbeschwerden von der Erledigung der
vom Reich den Schweden zu leistenden Satisfaction und umge-
kehrt solle abhängig gemacht werden. Dieses von ihnen „opus
catenatum" genannte Werk zu betreiben, umgingen sie die für
die gravamina eingesetzte Deputation der katholischen Stände
und wandten sich in Gemeinschaft mit den Schweden an die
kaiserliche Gesandtschaft in Osnabrück, welche denn auch, in der
Hoffnung einer endlichen Lösung, auf den Vorschlag einging.
Die gemeinsamen Sitzungen begannen Ende Januar 1647.
evangelischer Seits hatte man einen engern Ausschuß gewählt, der
sich aus dem Altenburgischen Gesandten Thumshirn, den beiden
Braunschweigischen Langerbeck und Lampadius, dem gräflichen
Gesandten Geiffel und dem städtischen Oehlhafen zusammensetzte.

3 *

Vertreter der schwedischen Gesandtschaft war der gewandte Sal=
vius, welcher „statt derer Evangelicorum das Wort mit großem
Nachdruck und Herzhaftigkeit führte." Von Seite der kaiserlichen
Gesandtschaft führten namentlich Graf Trautmannsdorf selbst und
der österreichische bevollmächtigte Volmar die Verhandlung. In
der dritten Sitzung am 6. Februar 1647, welche an die vier
Stunden dauerte, gelangte man an die in Frage stehenden
Punkte. Die Verhandlung war nach dem Protocoll diese:

Zunächst hatte schon der schwedische Gesandte Salvius her=
vorgehoben, „daß die Evangelischen jederzeit statuiret, Aula
caesarea sei nicht forum competens in causis ecclesiasticis,"
worauf Graf Trautmannsdorf erwiederte, da Se. Majestät an allen
Gerichtshöfen für Religionssachen pares numero einsetzen wolle,
so sehe man nicht ein, was für Bedenken noch vorlägen, zumal
man ja auch zugebe, daß vorfallende Zweifel auf Reichstagen
und sonst durch gütlichen Vergleich geschlichtet werden sollten.
Daß man auf Reichs= u. s. w. tagen die abstimmenden Stände
aus jeder Confession gleichzählig stellen wolle, gaben die Kaiser=
lichen zu, welche Stände aber neu zu ernennen, das möge auf
dem Reichstage selbst erledigt werden.

„Wegen der majora vota," begann dann wieder Salvius[1]),
begehrten zwar die Katholischen, daß in Contribution= und an=
dern dergleichen Sachen die majora gelten sollten, doch würde
man billiger Weise bei dem Evangelischen Aufsatz verbleiben.

Trautm.: Gebe dissolutionem Imperii.

Volmar: Sei ja juris gentium, wo wolle man sonst
zum concluso kommen?

Langerbeck: Die Evangelischen wären bishero in posses-
sione vel quasi gewesen, in Contributionssachen sich nicht über=
stimmen zu lassen, allegirte unter andern das Exempel de
Anno 1623.

Trautm.: Doch hätten es die meisten gezahlt.

---

1) Ebend. B. 4. S. 74.

Langerbeck: Wüßte gleichwohl nicht, es möchten etliche wenig per vim majorem darzu genöthigt fein.

Trautm.: Die Quaestio sei, ob in solchen Sachen die majora gelten sollten?

Thumshirn: Die Contributiones wären freiwillig.

Trautm.: Wie machen es die Fürsten in ihren Landen?

Thumshirn: Wäre ratio diversitatis unter mere subditis und freien Reichsständen.

Langerbeck setzte nun auseinander, daß im katholischen Fürstenrath viele Bischöfe und Prälaten mit geringer Geldanlage über die Säckel und eine große Geldsumme der evangelischen Stände abvotirten u. s. w.

Trautm.: Wie aber zu machen? v. g. wann der Türck aufwachet?

Langerb.: Die Ungarische Türcken-Hülfe wäre ohne dieß freiwillig.

Trautm.: Nun, Nun, man werde es sehen u. s. w. Hielte dafür, es wäre keine Anlag mehr privilegirt als diese; man werde es einmal mit Schaden inne werden.

Otto: Es sei eine alte Klag, die Katholischen wären zu leicht angelegt.

Trautm.: Die Reichs-Matrikul sei ja gemacht worden, da alles noch katholisch gewesen Anno 1521. Die Katholischen beschwerten sich vielmehr, daß sie höher und stärker angelegt wären als die Evangelischen.

Langerb.: Ob das Reich contribuiren solle und wolle zum Türckenkrieg in Ungarn, oder anderswo extra Imperium, das sei extra controversiam freiwillig; ob aber die majora hierüber und sonsten gelten sollten oder nicht, das sei kein neuer Streit, sondern, wie bekannt, auf vielen Conventen fürkommen.

Trautm.: Wie wolle man es denn machen?

Salvius, Thumshirn, Langerb.: Man müsse darauf denken u. s. w. Gott werde wohl Mittel geben.

Das war nun freilich ein schlechter Trost; er bezeichnet aber die Gesinnung der „Herren Schwedischen."

Diese mündlichen Conferenzen und die unmittelbar darauf folgenden Verhandlungen zeigten aber bis zur Evidenz, daß in der bisherigen Weise keine Vereinigung zu erreichen war. Man blieb immer auf demselben Punkte stehen. Alle Bemühungen scheiterten an dem festen Entschlusse der Protestanten, das Recht der Stimmenmehrheit auf den Reichstagen in Reichssteuersachen nicht anzuerkennen. Da schlug endlich der kaiserliche Gesandte den Weg ein, welcher unter den gegebenen traurigen Verhält=nissen allein zu einem, einiger Maßen befriedigenden Ziele füh=ren konnte, um Deutschland vor dem unermeßlichen Unglück eines gänzlichen Scheiterns der Friedensverhandlungen zu schützen, wodurch das erschöpfte Reich einem neuen Kriege und dem sichern Untergange wäre entgegengeführt worden. Er machte nämlich den Vorschlag, die Fragen über Geltung der Stimmenmehrheit zu trennen, und die, bezüglich der Stimmenmehrheit in Contri=butionssachen, auf den nächsten Reichstag zu verweisen. Wie schwer ihm diese Nachgiebigkeit geworden, und wie richtig er die Bedeutung des Contributionsrechtes des Reiches erkannte, erhellt schon aus seiner vorher mitgetheilten mündlichen Erklärung in der Conferenz, daß die Verweigerung desselben zur „Auflösung des Reiches" führe. Dennoch glaubte er, dieses Opfer bringen zu müssen, um den so nothwendigen Frieden zu ermöglichen. Auch die katholischen Stände willigten nur ungern in diesen Vorschlag ein, weil sie sich nicht verhehlen konnten, daß dadurch die Kraft des Reiches gebrochen sei; sie gaben aber dennoch am 14. März 1648 auf den dringenden Wunsch des kaiserlichen Gesandten ihre Zustimmung. Damit war denn der Boden für eine Verständigung gewonnen.

So kam denn endlich nach unsäglichen Mühen und Zwi=stigkeiten der Westphälische Friede mit seinen Bestimmungen über Stimmenmehrheit und Parität in Religionssachen zu Stande. Wir theilen die hauptsächlichsten derselben mit.

Der Artikel 5 des ersten Theiles dieses Friedens handelt von den „Religionsbeschwerden als Ursache des Dreißigjährigen Krieges."

Der Eingang desselben lautet: „Da aber die Beschwerden, welche sich zwischen den Kurfürsten, Fürsten und Ständen des Reiches beider Religionen entsponnen hatten, großentheils Ursache und Veranlassung zu gegenwärtigem Kriege gegeben haben, so wurde hierüber folgender Vergleich getroffen."

Im §. 1 wird der Passauer Vertrag und der Augsburger Religionsfrieden, wie auch alle späteren Reichsabschiede mit ähnlichen Dispositionen von Neuem bestätigt.

Was „im gegenwärtigen Vergleich wegen einiger streitigen Punkte durch einstimmigen Beschluß der Parteien festgesetzt wurde, das soll als ewig giltige Auslegung des erwähnten Friedens bei allen Gerichten und überall in so lange gehalten werden, bis man sich durch Gottes Gnade wegen der Religion selbst verglichen haben wird." . . . .

„In allem Uebrigen aber soll zwischen allen Kurfürsten, Fürsten und Ständen beider Religion eine genaue gegenseitige Gleichheit stattfinden, wie dieselbe der Form des gemeinen Wesens, den Reichsgesetzen und der gegenwärtigen Uebereinkunft gemäß ist; so daß, was dem einem Theile recht ist, auch dem anderen Theile recht sei, wobei alle Gewaltthätigkeit wie Thätlichkeit, wie sonst, so auch hier, auf ewig verboten sein soll."

Nach §. 2 wird in kirchlichen Angelegenheiten alles auf den Stand vom 1. Januar 1624 zurückgeführt.

§. 29 am Schluß: „Und es soll keinem Theile erlaubt sein, den andern in seiner Religionsübung, in seinen Kirchengebräuchen und Ceremonien zu stören; sondern es sollen die Bürger friedlich und freundlich beisammen wohnen und auf beiden Seiten die Ausübung ihrer Religion und den Gebrauch ihrer Güter frei haben."

Die Ueberschrift des §. 31 lautet: „Evangelische Unterthanen katholischer Stände sollen ihre Religionsübung nach der Norm des Jahres 1624 mit allen Zugehörungen haben. Bezeichnung dieser Zugehörungen."

Im Verlaufe des Paragraphen heißt es dann: „Unter

solche Zugehörungen werden gerechnet: die Besetzung der Consistorien, der Schul= und Kirchendiener, das Patronatsrecht und andere ähnliche Rechte. Auch sollen sie im Besitze aller zur besagten Zeit innegehabten Kirchen, Stiftungen, Klöster, Hospitäler, mit allen Zugehörungen, Einkünften und Vergrößerungen bleiben."

§. 50. „Die Obrigkeiten beider Religionen sollen mit Ernst und Strenge verhüten, daß nicht Jemand öffentlich oder privatim, in Predigten, Lehren, Disputationen, Schriften oder Rathschlägen den Passauer Vertrag, den Religionsfrieden und insbesondere gegenwärtige Erklärung und Vertrag bestreite, oder in Zweifel ziehe, oder widrige Behauptungen daraus abzuleiten sich unterstehe."

§. 51. „Auf den regelmäßigen Reichsdeputations=Conventen soll die Zahl aus den Ständen beider Religionen gleich sein; über die Personen aber oder über die beizuziehenden Reichs= stände sollen auf dem nächsten Reichstage Bestimmungen getroffen werden. In solchen Conventen und allgemeinen Reichstagen, sie mögen aus einem, oder zwei, oder drei Reichscollegien, bei welcher Gelegenheit oder zu welchen Geschäften immer abgeordnet werden, soll die Zahl der Abgeordneten von beiden Religions= ständen gleich sein. Würden durch außerordentliche Commissionen Gegenstände im Reiche zu erledigen sein, so sollen, wenn die Sache blos die evangelischen Stände betrifft, allein Abgeordnete dieser Religion, wenn sie Katholiken betrifft, blos katholische, wenn sie aber katholische und evangelische Stände angeht, Abge= ordnete gleicher Zahl von beiden Religionen ernannt und be= stellt werden."

§. 52 hat die Ueberschrift: „Mehrheit der Stimmen soll in Religionssachen u. s. w. nicht stattfinden" und bestimmt: „In Religions= und allen andern Verhandlungen, in denen die Stände nicht als Ein Körper angesehen werden können, eben so auch, wenn die katholischen und evangelischen Stände sich in zwei Parteien theilen, soll der Streit nur durch

gütlichen Vergleich beigelegt, und nicht auf die
Mehrheit der Stimmen geachtet werden." Was aber
die Mehrheit der Stimmen in den Contributionssachen anlangt,
so soll dieser Gegenstand, da er bei der gegenwärtigen Versamm=
lung nicht erledigt werden konnte, bis zum nächsten Reichstag
verschoben werden."

§. 53 handelt von dem Reichskammergericht, §§. 55 und
56 von dem Reichshofrath, und bestimmen, daß auch dort die
Assessoren in gleicher Anzahl von beiden Religionen genommen
werden müssen.

Das sind die wesentlichsten principiellen Bestimmungen des
Vertrags zwischen Katholiken und Protestanten im Westphälischen
Frieden über den Religionsstand.

Wir können sie auf drei Grundsätze zurückführen:

1) In allen Religionssachen darf auf den Reichstagen und
in allen Reichs=Commissionen „nicht auf die Mehrheit der
Stimmen geachtet werden;" Streitigkeiten unter beiden
Religionstheilen dürfen „nur durch gütlichen Vergleich
beigelegt" werden.

2) Zu den Religionssachen gehören auch die „Zugehörun=
gen." Dazu werden insbesondere gerechnet, die Besetzungen der
Kirchen= und Schulstellen, und der freie Besitz des Kirchen= und
Stiftungsvermögens. Auch in der freien Uebung der Religion,
der Kirchengebräuche und Ceremonien darf kein Theil den an=
deren stören.

3) In den Reichsdeputations=Conventen soll die Zahl der
Mitglieder von beiden Religionsständen gleich sein, auch wenn
sie nicht über Religionssachen berathen. Aehnliches gilt von
den Assessoren beim Reichs=Kammergericht und beim Reichshofrath.

VI. Fragen wir nun, ob diese Vertragsbestimmun=
gen des Religionsfriedens zwischen Katholiken und
Protestanten auch jetzt noch Giltigkeit haben?
Darauf antworte ich zunächst, daß ich mich auf eine Un=

terfuchung ihrer formellen Giltigkeit hier nicht näher einlaſſe.
Sehr angeſehene Rechtsgelehrte nehmen keinen Anſtand, ſie zu
bejahen und mit Gründen zu unterſtützen, welche kaum wi=
derlegt werden können [1]. Von dieſer formellen Rechtsgiltigkeit
ſehe ich aber hier um ſo mehr ab, da ſich ja unſere Zeitge=
noſſen über formelle Rechtsbedenken leicht hinwegſetzen, wenn ſie
ſachliche Gründe und vermeintliche Intereſſen des allgemeinen
Wohles dafür zu haben glauben.

Was dagegen ihre innere, materielle Berechtigung angeht,
ſo behaupte ich, daß jene Vertragsbeſtimmungen des Religions=
friedens in der Natur der Dinge ſelbſt begründet ſind; daß
ſie jetzt, wie damals, die allein gerechte, vernünftige und
mögliche Grundlage des religiöſen Friedens für ein Volk ent=
halten, welches im Glauben geſpalten iſt, und daß endlich
außerhalb dieſer Grundlagen nur Kampf, Gewaltthätigkeit,
Unterdrückung und Gewiſſensknechtſchaft liegt, und in Verbindung
damit die tiefſte Beſchädigung aller wahren Intereſſen des Vater=
landes.

Nach den Erfahrungen, welche die deutſche Nation von der
Zeit der Glaubensſpaltung an bis zum Weſtphäliſchen Frieden
gemacht hat, bedarf die Richtigkeit vorſtehender Behauptung für
einen Deutſchen kaum eines Beweiſes. Metz, Toul, Verdun und
Straßburg, wie alles Blut, das in dieſem Zeitraume, in Folge
des Religionsſtreites oder unter dem Vorwande deſſelben ver=
goſſen iſt, beweiſen die Wahrheit derſelben. Die Vertragsbe=
ſtimmungen des Religionsfriedens waren ihren weſentlichen Prin=
cipien nach nicht willkürliche, ſondern ſie waren naturnothwen=
dige Ergebniſſe der Anſtrengungen eines ganzen Volkes, in den
anderthalbhundert Jahren nach der Glaubensſpaltung, um,
nachdem es die alten Grundlagen des friedlichen
nationalen Zuſammenlebens mit der Einheit des
Glaubens verloren hatte, einen neuen gemein=

---

1) Klüber, „Völkerrechtliche Beweiſe für die fortwährende Giltigkeit
des weſtphäliſchen Friedens," Erlangen 1841.
Zöpfl, Deutſches Staatsrecht. Bd. 1. S. 136.

schaftlichen Boden zum friedlichen Zusammenleben, für die Dauer der Trennung in der Religion, zu finden. Unter diesen Anstrengungen war Deutschland oft an den Rand des Unterganges gerathen. Immer aber, nach allen Kämpfen, kehrte bei den Friedens-Verhandlungen unter den im Glauben getrennten Parteien dieselbe Ueberzeugung wieder, daß nämlich kein Frieden in Deutschland unter Katholiken und Protestanten mehr möglich sei, als unter gegenseitiger Anerkennung des Grundsatzes, daß jeder Religionstheil seine Religionsangelegenheiten und die „Zugehörungen" der Religion nur für sich zu berathen und zu ordnen habe, und daß entstehende Streitigkeiten unter den verschiedenen Religionstheilen nur durch friedlichen Vergleich, nicht aber durch Ueberstimmung des einen Religionstheiles durch den anderen, abgemacht werden dürften. Diese Grundsätze behalten, abgesehen von der Fortdauer und dem Werthe vieler einzelner Bestimmungen des Westphälischen Friedens, immer dieselbe ausschließliche Berechtigung, so lange die Glaubenstrennung währt; sie sind das Resultat der deutschen Geschichte in jener langen und bedrängten Zeit der Religionskämpfe. Von ihrer ehrlichen Anerkennung und Haltung wird in Deutschland, bis zur Wiedervereinigung im Glauben, immerfort der Religionsfriede abhangen.

VII. Man sage deshalb nicht, daß der Westphälische Friede sich nur auf die Reichsstände bezog; dem deutschen Volk aber keine Rechte gewährte. Das ist in sofern unrichtig, als das Normaljahr den Religionsstand und die Religionsübung des Volkes, mit allen „Zugehörungen", gegen jede Beeinträchtigung jener Reichsstände schützte, welche dem andern Religionstheile angehörten. Außerdem aber sage ich: was damals für die Reichsstände recht war, das ist jetzt recht und wahr für Alle. Mit größerem Rechte, als die protestirenden Stände im Jahre 1529 in Speier erklären konnten: „In einer Sache,

die Gottes Ehre und ihrer Seelen Wohlfahrt betreffe, könne die
Mehrheit der Stimmen nicht stattfinden," können wir Katholiken
heute dagegen protestiren, daß man durch Stimmenmehrheiten
Andersgläubiger über unsere Religionssachen verfüge. Jene pro=
testirenden Stände lehnten sich durch ihre Protestation gegen das
bestehende Reichsrecht auf, während wir Katholiken, bei unserem
Protest gegen Mehrheitsbeschlüsse in Angelegenheiten unseres Ge=
wissens und unserer Religion, alle Bestimmungen des Religions=
friedens und des deutschen Staatsrechtes für uns haben, und
uns nur gegen offenbare Verletzung des Rechtsbestandes ver=
wahren. Wenn daher die Protestanten in den Religionsbeschwer=
den, welche sie am 15. Dezember 1645 bei den Westphälischen
Friedensverhandlungen überreichten, bezüglich der Ueberstimmung
durch Majorität in Religionssachen erklärten: „In freiwil=
ligen und denen Sachen aber, da beider Religion zugethane
Stände Parteien mit einander machen, und keiner dem andern,
was er thun oder lassen sollte, Maß und Ziel zu stecken hat,
würde aller menschlicher Vernunft und von Natur
implantirten Billigkeit zuwiderlaufen, wann eine
Partei der andern Gesetze geben oder einige Beschwerdung
aufdringen sollte;" so sind wir Katholiken gewiß im vollen
Rechte, wenn wir den Versuch protestantischer Mehrheiten, uns
über unsere Religionssachen durch Majoritätsbeschlüsse Gesetze zu
geben, auch als ein Unterfangen bezeichnen, welches „aller mensch=
licher Vernunft und von Natur implantirten Billigkeit zuwider=
läuft."

Man sage ferner nicht, um die fortdauernde Giltigkeit jener
Bedingungen des Religionsfriedens zu bestreiten, die Befugnisse
des alten Reichstages ließen sich nicht mit denen jetziger consti=
tutioneller Versammlungen vergleichen. Der Reichstag habe nur
die Stände vertreten, während die letzteren eine Vertretung des
gesammten Volkes seien. In den constitutionellen Versammlungen
ständen sich deshalb auch nicht mehr die Confessionen als Par=
teien gegenüber, wie damals auf dem Reichstage und auf andern
Reichsversammlungen. Das ist aber nur ein scheinbarer Ein=

wand, der sich an formelle Unterschiede hält, das Wesen der
Sache aber gar nicht berührt. Dieses besteht darin, daß in Religions=
sachen die Angehörigen der einen Confession den Ansichten der an=
dern Confession sich nicht unterwerfen können und nicht zu unterwer=
fen brauchen. Das wollten die Beschwerdeführer der Protestanten
aussprechen, als sie auf „die menschliche Vernunft" und auf die
„von Natur implantirte Billigkeit" sich beriefen. Das gilt aber
für constitutionelle Versammlungen ebenso, wie für die alten
ständischen Reichstage. Es ist ebenso gegen die menschliche
Vernunft und ebenso gegen die von Natur implantirte
Billigkeit, wenn Majoritäten constitutioneller Versammlungen
die Religionssachen Anderer ordnen wollen, als wenn es der alte
Reichstag versucht hätte. Man kann auch durchaus nicht sagen,
daß sich die Trennung in der Religion auf constitutionellen Ver=
sammlungen weniger gelten macht, als auf solchen Versammlungen,
die aus den Ständen alter Ordnung hervorgegangen sind. Die
Erfahrung der letzten Jahre in Deutschland beweist vielmehr das
volle Gegentheil. Die constitutionelle Phrase, daß die Volksver=
treter das ganze Volk, also auch die rechtlich bestehenden Con=
fessionen ohne Unterschied vertreten, hindert nicht die reale Wirk=
lichkeit, daß, bei allen religiösen Fragen in den deutschen Reichs=
und Land=Tagen, die Protestanten und Katholiken, mit wenigen
Ausnahmen, als geschlossene Partei auftreten. Dadurch liegt fast
überall das Schicksal der katholischen Religionssachen in den
Händen der Protestanten. Der Umstand aber, daß zu den Par=
teien der alten Confessionen jetzt noch die große Partei der Con=
fessionslosen hinzugekommen ist, ändert nichts an dieser Sachlage.
Es ist wahrlich ebenso, wenn nicht noch mehr, gegen „die menschliche
Vernunft" und gegen alle „von Natur implantirte Billigkeit," wenn
eine Majorität von Männern, die, wie sie selbst nicht leugnen, nicht
mehr auf dem Boden des Offenbarungsglaubens stehen, über die
Religionssachen gläubiger Christen entscheiden will; wie es als
gegen Vernunft und Billigkeit erachtet wurde, wenn auf den
Reichstagen die getrennten Religionsparteien gläubiger Christen
durch Stimmenmehrheit über einander abstimmen wollten. Ebenso,

und aus demselben Grunde wie damals die protestantischen
Reichsstände sich der Majorität nicht unterwerfen wollten, ebenso,
und aus demselben Grunde können folglich auch wir uns nicht
der Majorität constitutioneller Kammern unterwerfen.

Man sage auch drittens nicht, daß die Gesetze, welche in
den letzten Jahren erlassen worden sind, die Religion gar
nicht berühren. Diese Behauptung kann man nur dadurch
rechtfertigen, daß man den alten ehrlichen deutschen Sinn von „Re=
ligionssachen" gänzlich ignorirt, und an dessen Stelle einen will=
kürlichen neuentdeckten und inhaltslosen Begriff unterschiebt.
Was Katholiken und Protestanten von jeher und zu allen Zeiten
unter Religionssachen verstanden haben, ist in Deutschland nie
zweifelhaft gewesen. Im Westphälischen Frieden findet sich der
Inhalt dieses Begriffes genau angegeben, und in den Friedens=
verhandlungen findet sich keine Spur davon, daß hierüber auch
nur die mindeste Meinungsverschiedenheit zwischen den Religions=
theilen vorhanden war. Dazu rechnete man, wie wir oben
sahen, die Religionsübung, die Religions=gebräuche, die Cere=
monien, die Anstellung der Geistlichen und Lehrer, den freien
Besitz des Kirchenvermögens. Daraus ergibt sich, daß der ganze
Inhalt der modernen kirchen=politischen Gesetzgebung über Gegen=
stände sich erstreckt, welche Katholiken und Protestanten nach deutschem
Recht und deutscher Gewohnheit von jeher für Kirchensachen ge=
halten haben. Wenn man dagegen diesen Begriff nach willkür=
lichem Belieben bestimmen will, oder nach der Ansicht solcher
Männer, welche entweder gar keine Religion haben, oder alle
Religion auf innere Seelenstimmungen reduciren, so verfällt man
damit der reinsten Willkür, und begeht ein unerträgliches Unrecht
gegen das christliche Volk, welches berechtigt ist zu fordern, daß
man es nach seinem alten Rechte und nicht nach beliebigen
Theorien Einzelner behandele.

Man sage endlich nicht, um die Berechtigung jener Grund=
sätze des Religionsfriedens, dem modernen Staate gegen=
über zu bestreiten, was der Abgeordnete Miquel in der Reichs=
tagssitzung vom 23. April 1874 äußerte: „Aber die Zeit der

Concordate ist überhaupt vorüber. Es wird nie mehr gelingen, dem Staat die Anerkennung abzuringen, daß die Herrschaft der Gesetze innerhalb Deutschlands von der Zustimmung eines fremden Kirchenfürsten abhängt. Wenn darauf der Kampf ge= richtet ist, so bin ich überzeugt, die, welche diesen Satz verfech= ten, müssen unterliegen. Heut ist schon der Kampf fast auf die Spitze gebracht. Sie erklären: wir halten uns zum Widerstand nicht nur berechtigt, sondern sogar verpflichtet; sie negiren direct das Recht des Staates, seine Souverainetät auszubeuten, selbst seinerseits zu definiren: was gehört zu den externis und inter= nis der Kirche. Ich bin der Meinung, daß ein Staat, der das Recht aufgibt, selbst kraft eigenen Rechts zu bestimmen, was Rechtens sei innerhalb seines Gebietes, sich selbst vernichtet. Wenn Sie also dies von uns verlangen, so verlangen sie etwas Unmög= liches, so proclamiren sie einen Kampf auf Tod und Leben zwischen uns und der katholischen Kirche.“

In diesen Worten ist der Thatbestand der eigentlichen Con= troverse durchaus unrichtig angegeben. Wir fordern nicht die Aner= kennung seitens des Staates, „daß die Herrschaft der Gesetze inner= halb Deutschlands von der Zustimmung eines fremden Kirchen= fürsten abhange.“ Eine solche Zustimmung für alle Gesetze, auch die rein bürgerlichen, ist noch niemals von Katholiken gefordert worden; darauf ist nicht „der Kampf gerichtet.“ Selbst die An= erkennung, daß Gesetze, welche die Grenze zwischen Kirche und Staat bestimmen, von der einseitigen Entscheidung eines „fremden Kirchenfürsten“ abhangen sollen, kann nur ein katholischer Staat, in dem die katholische Religion zugleich Staatsreligion ist, ge= währen. Dies also ist nicht unsere Forderung. Wir negiren deßhalb auch nicht, in dem Sinne, wie Miquel es meint „das Recht des Staates, seine Souverainetät auszubeuten, selbst seinerseits zu definiren: was gehört zu den externis und internis der Kirche.“ Wir bestreiten endlich nicht das Recht des Staates „kraft eigenen Rechts zu bestimmen, was Rechtens sei innerhalb seines Gebietes.“ Unser Verlangen ist nicht, daß das deutsche Reich sich von Rom aus mit gebundenen Händen und willenlos die Grenzen seiner Befugnisse

dictiren lasse, sondern daß es ehrlich anerkenne, daß es in Religions=
sachen nicht zu entscheiden habe, daß namentlich auf seinen Reichs=
und Landesversammlungen Majoritäten in Religionssachen, nach
altem deutschen Rechte und nach der Natur der Dinge, nicht gel=
ten dürfen, und daß endlich zu Religionssachen jene Angelegen=
heiten gerechnet werden müssen, welche von jeher und zu allen
Zeiten in Deutschland von Katholiken und Protestanten dazu ge=
rechnet worden sind. Man erkennt leicht den großen Unterschied
zwischen jenen angeblichen Forderungen, welche der Abgeordnete
Miquel uns unterstellt, und denen, welche wir in der That ver=
treten. Die letzteren sind ganz und gar identisch mit alle dem,
was vom Passauer Frieden an bis zum Westphälischen Frieden,
und von da, an bis zum Untergange des deutschen Reiches alle
wohlwollenden und verständigen Männer beider Religionspar=
teien für das einzig Mögliche gehalten haben, um im Frieden
auf deutscher Erde zu leben. Selbstbeschränkung der
Staatsgewalt fordern wir, nicht blinde Unterwerfung
unter eine fremde Autorität. Es gehört zu den Ver=
wüstungen, welche die abstracten Begriffe vom „modernen Staat"
angerichtet haben, daß jede Forderung der Selbstbeschränkung als
ein Attentat auf die Souverainetät des Staates angesehen wird.

Wir glauben daher auch nicht, daß „die Zeit der Concor=
date überhaupt vorüber ist." Wenn der Westphälische Friede be=
stimmte, daß bei Religionsstreitigkeiten der Streit nur „durch
gütliche Vereinigung beigelegt und nicht auf die Mehrheit der
Stimmen geachtet werden soll," so liegt in diesem großen und
gerechten Princip auch schon das Grundprincip der Concordate,
wenn auch hier nur in seiner Anwendung auf die Reichsstände.
Ebenso liegt selbst in jenem andern modernen constitutionellen
Princip der Nothwendigkeit der Compromisse unter den Factoren der
Gesetzgebung, auf das man sich so gerne beruft, gleichfalls das
Grundprincip der Concordate. Man muß Vorurtheile und Un=
richtigkeiten in diesen Begriff hineintragen, um darin einen Ver=
zicht auf das eigene Recht zu finden. Ein Staat, der anerkennt,
daß Religionssachen nicht zu seiner Competenz gehören, verzichtet

nicht auf seine Souverainetät, wenn er mit der Kirche über Ge=
biete, wo Staat und Kirche in einander greifen, sich in friedlicher
Weise verständigt, b. h. Concordate, Compromisse abschließt.

VIII. Wir müssen jetzt noch zwei letzte Einwände gegen die
Berechtigung der Berufung auf die Bestimmungen des West=
phälischen Friedens seitens der Katholiken erwähnen.
Bekanntlich erhob Papst Innocenz X. in der Bulle „Zelo
domus" vom 26. November 1648 einen Protest gegen den West=
phälischen Frieden. Daraus haben nun unsere Gegner nicht
selten gefolgert, daß die Katholiken diesen Frieden nicht aner=
kennen, noch sich auf denselben berufen können. Diese Behaup=
tung gehört aber jener Art unredlicher Polemik an, welche die
unwahrsten Scheingründe nicht scheut, wenn sie dadurch die Be=
griffe verwirren kann.

Der Papst Innocenz war so weit davon entfernt, gegen den
Frieden selbst zu protestiren, daß er vielmehr, kurz nach seiner
Thronbesteigung seinem Nuntius in Münster, Fabius Chigi, in
einem apostolischen Breve vom 5. October 1644 [1]) ausdrücklich
befohlen hatte, alle Bemühungen anzuwenden, „damit nun end=
lich der Friede unter den christlichen Fürsten wieder hergestellt
und die Waffen abgelegt würden, die man besser gegen die
Türken kehren möge." Zugleich forderte er ihn allerdings auch
auf, darüber zu wachen, daß nichts beschlossen werde, was der
Uebung des christlichen Glaubens und der kirchlichen Immunität
entgegenstehe. In dieser päpstlichen Instruction für seinen Ab=
gesandten ist schon der wahre Sinn seines Protestes gegen den
Friedensschluß angedeutet. Er protestirt nicht gegen die Frie=
densbestimmungen, sondern gegen die Rechtsverletzungen. Auch
der Wortlaut der Bulle stimmt mit dieser Deutung vollkommen
überein. Im Eingange sagt der Papst, daß der abgeschlossene Friede
Bestimmungen enthalte, „durch welche die katholische Religion,
der Gottesdienst, der Apostolische Stuhl, die römische und die ihr
untergeordneten Kirchen, der geistliche Stand, die Jurisdiction,

---

1) Vergl. Meiern. B. 4. S. 861.

Auctorität, die Freiheiten, Privilegien, Besitzungen, Güter und Rechte der katholischen Kirche sehr beeinträchtigt und in großen Nachtheil versetzt worden sind." Im Anschluß daran erklärt er nun, „daß die beiden angezogenen Friedensinstrumente und alle Artikel derselben, welche der katholischen Religion, dem Gottes= dienste, dem Seelenheile u. s. w. Nachtheil bringen, null und nichtig sein sollen." Hier liegt deutlich ausgesprochen, daß nicht gegen den ganzen Inhalt des Friedensvertrages, sondern nur gegen gewisse Artikel desselben, und zwar gegen jene Pro= test erhoben werde, welche die Rechte der Kirche verletzen, und wodurch die vertragenden Theile sich Rechte beilegen, welche die Kirche ihnen nicht zugestehen kann.

Zu diesem Proteste aber hatte der Papst nicht nur das Recht, sondern auch die Pflicht, um jeden Schein zu vermeiden, als ob die Kirche eine Competenz der Staatsgewalt in der Aus= dehnung anerkennen könne, wie solche die Fürsten durch die Bestimmungen des Westphälischen Friedens sich beigelegt hatten. Jeder Schein der Anerkennung einer solchen Competenz der Staatsgewalt hätte die Kirche für alle Zukunft gebunden, und sie rechts= und schutzlos der Willkür des Staates übergeben. Bei den Westphälischen Friedensverhandlungen sprach der französische Gesandte zum ersten Male das Wort „säcularisiren" aus, und einige Bestimmungen des Friedens enthalten auch in der That eine wahre Säcularisation, den Beginn aller jener Be= raubungen, welche die Kirche später erfahren sollte. In dem= selben Frieden wurden, im Widerspruch mit dem Besitzstande des Passauer Friedens und dem im Regensburger Frieden enthaltenen geistlichen Vorbehalte, die Erzbisthümer Magdeburg und Bremen, die Bisthümer Merseburg, Naumburg, Minden, Brandenburg u. s. w., die Abteien Hirschfeld, Quedlinburg den Katholiken entris= sen und den Protestanten bleibend überwiesen. Im Westphälischen Frieden verfügten weltliche Fürsten über die Jurisdictionsgewalt der Bischöfe, über das Reformationsrecht der weltlichen Fürsten, und über eine große Anzahl rein kirchlicher Angelegenheiten. Gegen die Principien, welche diesen Dispositionen zu Grunde lagen, mußte der Papst Protest erheben, wenn er nicht der Einführung protestantischer Grundsätze über die Machtbefugnisse der weltlichen Fürsten, und damit geradezu der Vernichtung der katholischen Kirche in Deutschland stillschweigend zustimmen wollte.

Dagegen beweist das spätere Verhalten des Papstes selbst und aller seiner Nachfolger, wie auch der Katholiken in Deutsch= land, des Kaisers, der Reichsstände und des Volkes zur Genüge, daß man weit davon entfernt war, deßhalb den Frieden selbst in seinen berechtigten Bestimmungen für ungiltig zu halten, ja, daß man nicht einmal daran dachte, selbst jene Bestimmungen anzufechten, wozu den friedenschließenden Mächten, nach katho= lischen Grundsätzen, die Competenz fehlte. Als daher an= fänglich einige Stimmen gegen die Giltigkeit des Westphä= lischen Friedens sich erhoben, standen sofort, mit allgemeiner Zustimmung, eine große Zahl der angesehensten Gelehrten gegen sie auf, welche die volle Giltigkeit desselben vertheidigten. Wenn jene gesagt hatten, der Friedensschluß sei kein freier, sondern durch die Gewalt der Umstände erzwungener, und deßhalb un= giltig, weil zur Giltigkeit eines Vertrages volle beiderseitige Freiheit gehöre; so antworteten diese, daß, abgesehen von that= sächlicher Richtigkeit jener Behauptung, die Bedingung der Frei= heit nur bei Privatverträgen Geltung habe, nicht aber bei öffent= lichen Friedensverträgen, da ja sonst alle Friedensverträge an= gefochten werden, kein Friede mehr sicher und beständig sein, die Unsicherheit allgemein werden, und das ganze Menschen= geschlecht dem Untergange überliefert würde. Wenn jene geltend machten, daß die friedenschließenden Fürsten ihre Competenz weit überschritten hätten; so antworteten diese, daß der Westphälische Frieden aus dem äußersten Nothstande des deutschen Volkes her= vorgegangen sei, und daß die Kirche oft auch das Unrecht dulde, um dadurch größere Uebel abzuwenden. Einer der letzten Ver= theidiger der vollen Giltigkeit des Westphälischen Friedens am Ende des vorigen Jahrhunderts war der gelehrte Jesuit Anton Schmidt, vormals Professor an der Heidelberger Universität, in sei= nem Kirchenrecht für Deutschland, welcher auch gegen die unwahren

Behauptungen der Protestanten, daß namentlich die Jesuiten die
Giltigkeit dieses Friedens anfeindeten, in Uebereinstimmung mit
dem bekannten Canonisten Barthel, ausdrücklich hervorhob, daß
insbesondere auch eine große Anzahl von Jesuiten die Giltigkeit
desselben bewiesen hätten Das Resultat seiner Untersuchung über
den Westphälischen Frieden faßt aber Schmidt in dem Gedanken
zusammen, daß er ohne Zweifel ein Grundgesetz des
deutschen Reiches und eine pragmatische Sanction
sei: „est lex imperii procul dubio fundamentalis et sanctio
pragmatica [1]."

---

1) Instt. jur. eccles. German. accom. etc. edidit Antonius Schmidt,
edit. tert. Bambergae 1778. t. I. pp. 104—113.

Wir wollen hier noch einige Autoritäten für seine Giltigkeit anführen.
Dr. Heinrich Zöpfl sagt darüber in seinen „Grundsätzen des gemeinen
deutschen Staatsrechts" Th. II. S. 840. Not. 4: „Man hat in neuerer
Zeit mitunter Zweifel erregen wollen, ob auch die katholische Kirche sich auf
den westphälischen Frieden berufen dürfe, weil der Papst bei dessen Abschlusse
gegen denselben protestirt habe. Allein 1) ist von dem Papste nicht gegen
den westphälischen Frieden im Ganzen, sondern nur gegen einzelne Artikel
Verwahrung eingelegt worden, und auf diese, der katholischen Kirche nach-
theiligen Bestimmungen wird sich diese auch sicher nicht berufen. (. . . .
‚ejusmodi articulos esse irritos, nullos, iniquos"). 2) Der Papst war
an sich nicht Contrahent des westphälischen Friedens, daher auch daraus, daß
er einige Artikel als den Rechten der katholischen Kirche widersprechend er-
klärte, nichts gegen die Verbindlichkeit und Giltigkeit des Friedensschlusses
unter den Contrahenten abgeleitet werden kann. 3) Der westphälische Frieden
wurde zu allen Zeiten von den katholischen, wie von den protestantischen
Reichsständen als ein Gesetz und zwar als ein Reichsgrundgesetz anerkannt, und dieser Bedeutung ist durch die päpstliche Protestation gegen einige
Artikel desselben nichts abgebrochen worden. 4) Die Protestation, welche
ein dritter gegen einen Staatsvertrag oder ein Gesetz eingelegt, kann nie
etwas anders bezwecken, noch eine andere Wirkung haben, als die, dessen
wirklich oder vermeintlich verletzte Rechte für künftige Zeiten zu wahren,
wenn veränderte Umstände erlauben sollten, sie wieder zur Geltung zu bringen.
Sie hindert aber den Protestirenden niemals, sich auf das zu berufen, was
zu seinen Gunsten in dem Staatsvertrage oder Gesetze enthalten ist. So haben
auch die deutschen Standesherren auf dem Wiener Congresse gegen die deutsche
Bundesacte insoferne Protest eingelegt, als ihnen dadurch ihre Landesherr-
schaft nicht zurückgegeben worden ist, noch ist es aber Niemanden beigefallen,

Ein anderer Einwand, welcher von unseren Gegnern nicht
selten geltend gemacht wird, bezieht sich nicht nur auf die an=

deßhalb den Standesherrn zu verwehren, die Rechte in Anspruch zu nehmen,
welche ihnen die V.=A. Art. 14 einräumt."

‾ Walter schreibt in seinem „Lehrbuch des Kirchenrechts" (11. Aufl.
S. 218.) „Gegen den Reichsabschied von 1555 und den westphälischen
Frieden, insofern dadurch die Kirche verletzt wurde, legten die PäpsteProtestationen
ein, die jedoch die Verbindlichkeit dieser Verträge für die Contrahenten selbst
und deren Nachfolger nicht aufgehoben haben", und macht hierzu diese An=
merkung. „Die Vergleiche von 1555. und 1648 sind in dem Bestreben, einen
dauernden Friedenszustand unter den verschiedenen Religionsparteien zu be=
gründen, nicht nur höchst achtbar, sondern lassen sich auch politisch sehr gut
rechtfertigen, weil nach der damaligen Lage der Dinge, um dem Blutver=
gießen Einhalt zu thun, kein anderer Weg offen stand. Allein aus dem
juristischen Standpunkt betrachtet, lag darin allerdings eine Rechtsverletzung
gegen die katholische Kirche, denn erstlich, das für geistliche Zwecke bestimmte
und gestiftete Vermögen war Eigenthum der Kirchen und Corporationen,
nicht der Individuen. Nach diesem Grundsatz hätte das Kirchengut dem
katholischen Theile verbleiben, oder darüber eine gütliche Abkunft getroffen
werden müssen, was aber nicht geschah. Zweitens, als die paciscirenden
politischen Mächte über das factisch occupirte Kirchengut verfügten, nahmen
sie eine Veräußerung desselben vor, die nach den bisherigen geistlichen und
weltlichen Rechten nur durch den Bischof, zum Theil sogar nur mit Ge=
nehmigung des Papstes geschehen konnte. Drittens endlich haben jene Frie=
densschlüsse allein aus sich manches über die Aufhebung und die innern Ein=
richtungen von Bisthümern und Kapiteln verordnet, wobei nach den alten
anerkannten Rechten die Mitwirkung des Papstes nothwendig gewesen wäre.
Die Protestation war daher nur eine Verwahrung, die der Papst seiner
Stellung und seinem Gewissen schuldig war, die jedoch in die äußere Rechts=
ordnung nirgends mehr störend eingreifen kann. Dieses erkennen auch Mit=
glieder des römischen Hofes an."

Döllinger aber urtheilte ehedem in seinem Buche „Kirche und Kir=
chen" u. s. w. (S. 49): „Ich muß das paradox klingende Geständniß ablegen:
ich freue mich, daß damals doch Ein Mann in Europa gefunden wurde, der
gegen jenen Westphälischen Frieden im Namen Gottes und des christlichen
Gewissens Protest einlegte, und daß dieser Mann gerade der Träger des
höchsten kirchlichen Amtes auf Erden war. Denn wahrlich nicht deßhalb hat
der Papst protestirt, weil er etwa überhaupt keinen gerechten Frieden zwischen
Protestanten und Katholiken wollte — die ganze nachherige Geschichte hat das Ge=
gentheil bewiesen, — sondern weil es galt und für ihn in der That hohe

gebliche Verwerfung des Westphälischen Friedens, sondern über=
haupt auf jede gesetzliche Regelung des Verhältnisses zwischen
Kirche und Staat, im Sinne einer vollen bürgerlichen Parität.
Man behauptet nämlich, daß wir, nach unseren katholischen Grund=
sätzen, paritätischen Friedensbestimmungen nicht mit voller Auf=
richtigkeit zustimmen könnten, und vielmehr immer geneigt sein
müßten, sie zu brechen, sobald wir die Macht in Händen hätten.
Das ist ein Lieblingsgedanke des Liberalismus, welcher immer
verwendet wird, wenn es sich darum handelt, Rechte der Katholiken
zu kränken, und ihre Berufung auf Parität und Freiheit mit
Hohn zurückzuweisen.

Zum Beweise der vollen Nichtigkeit dieser Behauptung ge=
nügt es auf die Thatsache hinzuweisen, daß in allen Ländern
mit verfassungsmäßiger Parität die Katholiken die treuesten Ver=
theidiger der Verfassung sind, während unsere Gegner ohne Un=
terlaß daran arbeiten, sie nach ihren Interessen zu verändern und

Pflicht war, gegen ein tief unsittliches und unchristliche Princip (cujus regio ejus
religio) Verwahrung einzulegen, welches diesem ganzen Friedensschluß hinsichtlich
der religiösen Stipulationen zu Grunde gelegt war ... Es ist wahr, der Papst
stellte sich in seiner Bulle auf den exclusiven Standpunkt, wonach er alle Ab=
tretungen von katholischen Bisthümern und Kirchengütern an protestantische
Fürsten und jede weitere Ausbreitung des Protestantismus als Dinge, die
er nicht billigen könne, gegen die er Verwahrung einlegen müsse, bezeichnete.
Die Lage der Dinge muß erwogen und in Rechnung gebracht werden, wenn
es sich um einen Vertrag handelt, durch welchen mit keiner oder sehr
schwacher Sicherheit für die Freiheit des Bekenntnisses so vieler Ka=
tholiken, so viele ehemals katholische Gebiete und Besitzungen an protestantische
Gewalten abgetreten wurden. Damals konnte der Oberhirt der
Kirche doch wirklich nichts Anders thun, als Verwahrung
einlegen gegen Abtretungen und Zugeständnisse, in Folge
deren eine beträchtliche Anzahl von Seelen der Kirche ver=
loren gehen mußten ... Die päpstliche Verwerfung des Friedensschlus=
ses hatte also nur die Bedeutung einer vom kirchlichen Standpunkt
aus verhängten Censur und Mißbilligung. Kein Fürst hat je die Giltig=
keit des westphälischen Friedens mit Berufung auf das römische Urtheil in Frage
gestellt, und die Theologen haben stets gelehrt, daß hier eine päpstliche Ent=
bindung von der Verpflichtung gar nicht eintreten könne." (Zum Beweise
beruft er sich dann auf den Jesuiten Laymann).

umzugestalten. Wir wollen aber auf diese Behauptung noch etwas näher eingehen.

Die katholische Kirche lehrt zwar, und wird es immer lehren, daß nach dem Worte Gottes jede Gewalt, auch die weltliche, von Gott und daher dem Willen Gottes unterworfen ist. Sie lehrt ferner, daß aus diesem Grunde auch der Staat die Pflicht hat, die Religion zu beschützen, und daß auf diesen Schutz nicht jedes beliebige Religionsbekenntniß, sondern nur die wahre Religion Anspruch hat. Diese Grundsätze haben aber nicht nur die Katholiken als wahr anerkannt, sondern ebenso auch alle Protestanten, ihre Fürsten, ihre Regierungen und ihre Theologen, bis gegen Ende des vorigen Jahrhunderts. Nach diesen Grundsätzen haben sie gehandelt und regiert in Deutschland wie in England, und diejenigen, welche dem Bekenntnisse des jeweiligen Landesherrn nicht huldigten, mit schweren Strafen oder mit Landesverweisung belegt. Die protestantischen Fürsten, welche sich der Entscheidung des Lehramts der katholischen Kirche über die wahre Religion nicht mehr unterwerfen wollten, nahmen nunmehr die Entscheidung dieser höchsten und wichtigsten Frage des Menschengeschlechtes für sich allein, mit Ausschluß ihrer Unterthanen, in Anspruch. Sie legten sich dadurch praktisch eine Art lehramtlicher Unfehlbarkeit bei, die sie in der katholischen Kirche verwarfen. Indem sie dann jene alten christlichen Grundsätze auf ihre Ansichten über das wahre Wort Gottes geltend machten, glaubten sie zugleich die Pflicht zu haben, dieselben mit ihrer Fürstengewalt zu schützen. So entstanden dann die großen Verwirrungen und Kämpfe in Deutschland, welche endlich nach den schwersten Leiden zu der Ueberzeugung führten, daß, so wahr jene Grundsätze über die Pflicht des Staates die wahre Religion zu schützen, an sich sind, sie doch die Uebereinstimmung eines Volkes in der Religion voraussetzen, und deßhalb in Deutschland nicht zur Anwendung kommen können, bis zur Wiedervereinigung im Glauben.

Die verhängnißvolle große Spaltung innerhalb des deutschen Volkes kann nicht durch Staatsgewalt, nicht durch Staatsgesetze und

nicht durch das Schwert entschieden werden, sondern nur durch Got=
tes Gnade, durch freie Selbstbestimmung, und folglich durch redliche
Anerkennung freier Religionsübung seitens des Staates, nament=
lich für die alten christlichen Confessionen und die „Zugehörun=
gen" der Religion, ohne welche die „freie Religionsübung" nur
leerer Schein ist. Deßhalb erklärt der Westphälische Frieden,
daß seine Bestimmungen über den Religionsfrieden Geltung ha=
ben sollen, „bis beide Theile durch Gottes Gnade in der Reli=
gion sich wieder geeinigt haben." Damit ist die innere Wahrheit
jener Grundsätze durchaus nicht geleugnet, sondern nur ihre Anwend=
barkeit in Deutschland für jetzt ausgeschlossen; und zwar, nicht bis
der eine oder andere Theil größere Gewalt hat, sondern bis wir
uns wieder im Glauben durch freie Unterwerfung geeinigt haben.
Es ist deßhalb ebenso ungerechtfertigt, wenn uns jener Grund=
sätze wegen, die eigentlich alle gläubigen Christen in allen Zeiten
und Ländern anerkannt haben und anerkennen müssen, von unsern
Gegnern der Schein beigelegt wird, daß wir ihretwegen keine
wahre, aufrichtige bürgerliche Duldung verschiedener Religionsbe=
kenntnisse üben könnten; als wir es auch tadeln müssen, wenn Ka=
tholiken dieselben in einer solchen Weise besprechen, daß dadurch
Mißverständnisse entstehen, und der Schein veranlaßt wird, als ob
wir, nach unsern katholischen Grundsätzen, keine wahre und volle
Parität bis zur Rückkehr der vollen Einheit im Glauben anerkennen
könnten. Beides ist tadelnswerth. Der Westphälische Frieden ist
mit dem sehr wohlbedachten Zusatz geschlossen, bis wir im
Glauben wieder einig sind. Damit ist von Katholiken
und Protestanten zu jener Zeit anerkannt, daß seine Bestimmun=
gen gewissermaßen provisorische sind, und nicht für immer als
das höchste Ideal des Verhältnisses zwischen Kirche und Staat
gelten sollen. Wenn die Glaubenseinigkeit durch Gottes Barm=
herzigkeit wieder eintreten sollte, so würde das deutsche Volk ge=
wiß wieder seine bürgerlichen und staatlichen Einrichtungen in=
niger mit der Kirche verbinden, als es in paritätischen Staaten
möglich ist. Ob diese glückliche Zeit je wiederkehren wird, liegt
in Gottes Rathschlüssen verborgen; so lange aber diese unselige

Spaltung dauert, und bis sie durch freie innere Ueberzeugung gehoben wird, dürfen wir nicht nur nach unseren Grundsätzen die volle Parität wahren, sondern wir müssen es. Wir sind daher verpflichtet, auf jeden äußerlichen staatlichen Zwang in Religions=sachen, den berechtigten christlichen Confessionen gegenüber, voll=ständig und ehrlich zu verzichten.

IX. Ich glaube nun in Vorstehendem bewiesen zu haben, was ich im Eingange nachzuweisen versprochen habe, daß näm=lich die protestantischen Regierungen und protestantische Majori=täten im deutschen Reichstage und in den Landtagen, durch Gel=tendmachung des Rechtes der Mehrheit der Stimmen in Reli=gionsangelegenheiten, alle die Grundsätze verletzt haben, welche von den protestantischen Reichsständen als Minorität im deutschen Reiche gegen den Kaiser und ihre katholischen Mitstände aufge=stellt worden sind. Alles, was dagegen gesagt werden mag, theils weil der Westphälische Religionsfrieden hauptsächlich auf die Reichs=stände sich bezogen habe, theils weil der moderne Staat und die constitutionellen Versammlungen sich wesentlich von dem Reiche und der reichsständischen Verfassung unterscheide, ist wie wir ausge=führt vollkommen nichtig. Was damals als Recht eines Reichs=standes in Religionsangelegenheiten geltend gemacht wurde, ist nach den veränderten Rechtsverhältnissen jetzt das Recht eines jeden deutschen Mannes, und was dem Reichstage gegenüber für die protestantischen Reichsfürsten vernünftig und billig war, das ist auch den modernen constitutionellen Versammlungen gegenüber für jeden Deutschen vernünftig und billig.

Durch die Majoritätsabstimmungen in Religionssachen ist daher der Religionsfriede, welcher zwischen Katholiken und Pro=testanten in Passau, Regensburg und insbesondere im Westphä=lischen Frieden vertragsmäßig geschlossen worden ist, gebrochen, und zwar in um so schreiender Weise, je kleiner die Minoritäten sind, welche dieser Vergewaltigung in Religions= und Gewissenssachen gegenüberstehen. Wie ungünstig die Verhältnisse in dieser Hin=sicht in manchen Gegenden Deutschlands sind, davon liefert das

Großherzogthum Hessen den klarsten Beweis. In unserm Lande wohnen die Katholiken so zerstreut unter den Protestanten, und überdieß sind die Wahlbezirke in einer solchen Weise eingetheilt, daß die Katholiken, obwohl sie der Zahl nach fast ein Drittel der Gesammtbevölkerung ausmachen, in der zweiten Kammer fast gar keine Vertretung haben. Das Höchste, was wir erreichen können, sind 3 bis 4 unter 50 Vertretern. Auch in der ersten Kammer ist die große Majorität bei den Protestanten. In der Regierung endlich ist die katholische Kirche in allen höheren Krei=sen auch nicht mit einer einzigen Stimme vertreten. Während die protestantischen Reichsstände zur Zeit des Westphälischen Friedens von dem Grundsatze ausgingen, daß nach den Begriffen wahrer Parität alle Reichsbehörden, selbst wenn sie über nicht kirchliche Angelegenheiten verhandelten, zu gleichen Theilen aus beiden Confessionen besetzt sein mußten, so ruht jetzt die ganze Staatsgewalt in den meisten Ländern mit protestantischer Re=gierung in allen ihren Factoren in solchem Umfange in der Hand der einen Confession, daß wir Katholiken fast keine Ver=tretung mehr haben. Wenn nun unter solchen Umständen alle Kirchensachen, im Widerspruch mit dem Westphälischen Frieden, von protestantischen Regierungen und protestantischen Majori=täten der Reichs= und Landtage entschieden werden, so hangen wir in Deutschland mit unserm Glauben und Gewissen von der Willkür unserer Gegner ab.

Zur Kennzeichnung des Geistes, der jetzt im deutschen Reiche über religiöse Duldung und Freiheit herrscht, mag noch aus=drücklich hier hervorgehoben werden, daß in keinem constitutio=nellen Staate Europas, in welchem die Katholiken die Majorität haben, bisher die Religionsangelegenheiten der Protestanten den Majoritätsbeschlüssen in ähnlicher Weise und in ähnlicher Aus=dehnung unterworfen worden sind, wie in den protestantischen Staaten Deutschlands. Insbesondere aber haben weder in Oe=sterreich, noch in Baiern, weder in Frankreich, noch in Belgien, noch selbst in Italien je katholische Majoritäten ähnliche Discus=sionen und ähnliche Ausfälle gegen die Protestanten geduldet, wie sie von den protestantischen Majoritäten gegen die Katholiken in den deutschen Staaten bei jeder Gelegenheit geführt werden und bereits herkömmlich geworden sind. Das zeigt weder höhere Bildung, von der man so gern redet, noch Toleranz und Achtung der religiösen Ueberzeugung Anderer. Wir Katholiken unterwerfen uns aus freier Ueberzeugung, unseres Gewissens wegen, in Religionssachen einer kirchlichen Autorität, in der wir eine göttliche Einrichtung und An= ordnung erkennen. Man mag diese Annahme einer göttlichen Stif= tung der Kirche nicht theilen; aber man darf die Unterwerfung unter dieselbe nicht für unvernünftig erklären, so lange wir an diesem Glauben festhalten. Nichts ist aber einem Katholiken uner= träglicher, als der Gedanke, sich in Religionssachen rein mensch= lichen Autoritäten zu unterwerfen. Die Protestanten haben da= gegen, vom Beginn der Reformation bis zur Periode der Auf= klärung in Religionssachen, ja selbst in Glaubenssachen von ihren Fürsten sich leiten lassen. So entstand der verwerfliche Grund= satz cujus regio ejus religio, das heißt: Jeder ist verpflichtet, die Religion anzunehmen, die der Landesfürst bekennt. Auch die Protestanten haben ihn, seit dem Beginn der Aufklärung, ver= lassen und großentheils zugleich nicht nur der weltlichen Autorität ihrer Landesfürsten, sondern jeder Autorität in Religionssachen entsagt. Die Majoritätsbeschlüsse constitutioneller Versammlungen in Religionssachen sind aber im Grunde eine Rückkehr zu dem Princip, cujus regio ejus religio, bei dem nur an die Stelle protestantischer Fürsten, protestantische Regierungen und protestantische Kammermajoritäten getreten sind. Der oft erwähnte Vorwand, daß das, was die modernen Gesetze behandeln, im Grunde keine Religionssachen sind, kann nur von jenen gemacht werden, welchen der Begriff Religion ein inhaltloses Ding ist. Gegen die Wiedereinführung jenes scheußlichen Princips in einer neuen Form muß aber das Gewissen des deutschen Volkes sich empören. Das wäre in der That eine Sklaverei des Gewissens, die wir nicht zu ertragen brauchen und nicht ertragen können, ohne unserer Menschenwürde zu entsagen.

Die Wiedereinführung der Competenz der Majoritäten in Religionssachen ist daher überaus verderblich, und führt uns wieder in die alten Religionskämpfe zurück, welche Deutsch= land an den Rand des Abgrundes gebracht haben. Da gibt es nur zwei Wege, welche eingeschlagen werden können; ent= weder Rückkehr zu dem alten großen Friedensprincip, daß jeder Religionstheil seine Religionssachen für sich abzumachen hat; daß keine Majorität des einen Theiles über die Religionssachen des andern entscheiden darf; daß aber Conflicte durch friedlichen Aus= trag und freundliche Verständigung ausgeglichen werden müssen: also Rückkehr zu den Grundlagen des alten Religionsfriedens, oder ein Vernichtungskampf gegen den katholischen Glauben, und die auf demselben ruhende katholische Kirchenverfassung durch protestantische Regierungen und protestantische Kammermajoritäten, in Verbindung mit dem Judenthum und mit abgefallenen Ka= tholiken, welche gleichfalls, im Widerspruch mit allem Rechte und allen herkömmlichen Begriffen, von denselben Regierungen und Majoritäten, der Kirche als Mitglieder aufgezwungen werden. Wie wenig aber dieser Weg zum Ziele führt, das haben die Verfolgungen der Christen im Laufe der Geschichte genügend be= wiesen.

Möchten daher alle, die unser deutsches Vaterland lieben, sich in dem Bestreben vereinigen, die Religionssachen im ehr= lichen alten Sinne des Wortes wieder den berechtigten Con= fessionen selbst zu überlassen, und sie aus den Verhandlungen des Reichstages und der Landtage zu entfernen. Das wäre ein wahrhaft patriotisches Werk, welches, nach dem Zeugniß der deutschen Geschichte, unserm Vaterlande mehr zum Heile gereichen würde, als jede Vermehrung der äußern Gewalt. Die Worte Niebuhrs in dem Schreiben vom 6. Sept. 1819 an die Genfer Regierung: „Möge sich nunmehr Euere Regierung von einer unbestrittenen Wahrheit durchdringen lassen, nämlich von dieser, daß, um aus Katholiken gute Bürger zu machen, eine protestantische Re= gierung sie katholisch sein lassen muß, so wie sie

es wollen," sprechen nach beiden Religionstheilen hin eine Wahr=
heit aus, welche eine deutsche Regierung ohne die tiefste Schä=
digung aller staatlichen und bürgerlichen Verhältnisse, nicht ver=
letzen kann. Die Religion wird der Menschheit, trotz aller au=
genblicklichen religionslosen Zeitströmungen, immer das Höchste
und Theuerste sein und bleiben, und die volle und freie Uebung
derselben, nach unserm Glauben und nach unserm Gewissen,
kann uns durch keine Macht und Größe des Reiches ersetzt
werden.

. Möchten also, das ist unser sehnlichster Wunsch, den uns
treue Liebe zu unserm deutschen Vaterlande eingibt, möchten Ka=
tholiken und Protestanten, — im Hinblick auf die immer wachsende
Erbitterung der Gemüther in diesem unseligen Culturkampf; im
Hinblick darauf, daß er nicht nur die Religion tief beschädigt,
sondern auch alle bürgerliche Freiheit zu vernichten droht; daß er
der wahre Grund der Unsicherheit aller Verhältnisse nach Innen
und nach Außen ist; daß er im Innern die ganze Erwerbs=
thätigkeit, welche nur im sichern Frieden gedeiht, stört und da=
durch den materiellen Wohlstand verletzt; daß er nach Außen
hin, im Falle eines Krieges, die Kraft Deutschlands wesentlich
beinträchtigt [1]); daß er endlich der wahre Grund jener er=
drückenden Lasten an Geld und Menschenkraft ist, welche nur
deßhalb dem Volke auferlegt werden, um Gefahren abzuwenden,
die man selbst heraufbeschworen hat, die aber ein innerlich ge=
einigtes Deutschland nicht kennen würde, — möchten, im Hinblick
auf alle diese schweren Uebel, Katholiken und Protestanten, wie
einst unsere Voreltern, sich zum Frieden wieder die Hand rei=
chen, und zwar auf der alten Grundlage des Westphälischen

---

1) Wenn man in perfider Weise, nach herkömmlicher Art, diese Worte
in dem Sinne auslegen würde, als ob ich damit auf Verbindungen mit dem
Auslande hindeuten wollte, so kann mich das nicht hindern die Wahrheit
auszusprechen, daß Deutschlands Kraft durch den Culturkampf unermeßlich
beschädigt wird.

Friedens, bis Gott durch seine Gnade im Glauben uns wieder
vereinigt [1]).

1) Mit folgenden Worten schließt Meiern sein Werk (B. 6. S. 1019)
über die Verhandlungen des Westphälischen Friedens. „So große Ur=
sache nun das gesammte deutsche Reich und Vaterland hat, diesen Friedens=
schluß, wodurch die Religion und der Staat in demselben zu einer beständigen
Ordnung, Sicherheit und Ruhe ist erhoben worden, als ein göttliches Gna=
dengeschenk zu verehren, auch selbigen als das heiligste Gesetz und Grundveste
seiner äußerlichen Glückseligkeit anzusehen; so gegründet ist auch die Pflicht
und Schuldigkeit eines jeden patriotisch gesinnten Deutschen, den Zweck seiner
Wünsche darinnen bestehen zu lassen, daß nie ein Titel oder Buchstabe von
diesem herrlichen Gesetz vergehen, sondern Gerechtigkeit und Friede beständig
an den Thoren des Friedenstempels sich küssen mögen, bis an den Schluß
der Tage und aller Zeiten Ende."

In gleichem Verlage sind folgende Schriften des Hochwür=
digsten Herrn

W. E. Freiherrn von Ketteler.

Bischof von Mainz

erschienen:

**Das Recht und der Rechtsschutz der katholischen Kirche in
Deutschland,** mit besonderer Rücksicht auf die Forderungen des
Oberrheinischen Episkopates und den gegenwärtigen kirchlichen
Conflict. Fünfte Auflage. gr. 8. geh. 60 Pf.

Der Religionsunterricht in der Volksschule. Ein Hirtenbrief.
gr. 8. 75 Pf.

Des Christen Glaube und Trost bei den gegenwärtigen An=
griffen auf die Kirche und ihr Oberhaupt. Ein Hirtenbrief
beim Anfange der Fastenzeit. gr. 8. geh. 40 Pf.

Soll die Kirche allein rechtlos sein? Ein Mahn= und Hirten=
wort an die Gläubigen der Diöcese Mainz, zugleich eine Ab=
wehr ungerechter Anschuldigungen. Zweite Auflage. gr. 8.
geh. 20 Pf.

Freiheit, Autorität und Kirche. Erörterungen über die großen
Probleme der Gegenwart. Vierte Auflage. (Velin.) gr. 8
geh. 2 Mark.

— Dasselbe Siebente Aufl. Volksausg. gr. 8. geh. 50 Pf.

Kann ein gläubiger Christ Freimaurer sein? Antwort an
den Herrn D. R. Seydel, Privatdocenten der Philosophie
zu Leipzig. Fünfte Auflage. gr. 8. geh. 75 Pf.

Deutschland nach dem Kriege von 1866. Sechste Auflage.
gr. 8. geh. 3 Mark.

Die gegenwärtige Lage des heiligen Vaters. gr. 8. geh.
20 Pf.

Das Recht der Domcapitel und das Veto der Regierungen bei
den Bischofswahlen in Preußen und der oberrheinischen Kir=
chenprovinz. gr. 8. 50 Pf.

Das allgemeine Concil und seine Bedeutung für unsere Zeit. Fünfte Auflage. gr. 8. geh. 75 Pf.

Die Minorität auf dem Concil. Antwort auf Lord Actons Sendschreiben an einen deutschen Bischof des vaticanischen Concils. gr. 8. geh. 25 Pf.

Die Gewaltthat gegen den Heiligen Vater und die Anliegen unseres Vaterlandes. Hirtenbrief. gr. 8. geh. 10 Pf.

Das unfehlbare Lehramt des Papstes nach der Entscheidung des vaticanischen Concils. gr. 8. geh. 1 Mark.

Liberalismus, Socialismus und Christenthum. Rede, gehalten auf der XXI. General-Versammlung der katholischen Vereine Deutschlands. gr. 8. geh. 25 Pf.

Die Centrumsfraction auf dem ersten deutschen Reichstage. Dritte Auflage. gr. 8. geh. 1 Mark 50 Pf.

Das Reichsgesetz vom 4. Juli 1872, betreffend den Orden der Gesellschaft Jesu und die Ausführungsmaßregeln dieses Gesetzes. Vierte Auflage. gr. 8. geh. 10 Pf.

Die Katholiken im deutschen Reiche. Entwurf zu einem politischen Programm. Vierte Auflage. gr. 8. geh. 1 Mark 50 Pf.

Die preußischen Gesetzentwürfe über die Stellung der Kirche zum Staat. gr. 8. geh. 35 Pf.

Die Anschauungen des Cultusministers Herrn Dr. Falk über die katholische Kirche nach dessen Rede vom 10. December 1873. gr. 8. geh. 30 Pf.

Kann ein Jesuit von seinem Obern zu einer Sünde verpflichtet werden? Correspondenz mit dem Großherzoglich Hessischen Ministerium des Innern Freiherrn von Starck. gr. 8. geh. 50 Pf.

Der Culturkampf gegen die katholische Kirche und die neuen Kirchengesetzentwürfe für Hessen. Dritte Aufl. 8. geh. 60 Pf.

Worte der Belehrung und Ermahnung an alle christlichen Eltern über ihre Pflichten bei der Vorbereitung ihrer Kinder zur ersten heiligen Communion. 8. geh. 40 Pf.